꾹꾹 눌러 쓴
행복

밀알학교 행복이야기

| 김용한 지음 |

추천사
4

기적과 감동의
밀알학교 행복이야기

　금년은 밀알학교가 개교 20주년을 맞이하는 해입니다. 우리나라에 특수학교가 많이 있지만 밀알학교가 지역사회에서 사랑받고 인정받는 특수학교가 된 것은 하나님의 크신 은혜입니다. 이렇게 뜻 깊은 해에 김용한 교감 선생님이 지난 7년 동안 한국밀알선교단 발행 〈월간 밀알보〉에 70회 연재한 소중한 글을 하나로 묶어서 좋은 책으로 발간하게 된 것을 기쁘고 감사하게 생각합니다.

　돌이켜 보면 지난 20년 동안 밀알학교 성장과정에는 파란만장한 이야기가 있었습니다. 그동안 하나님의 도우심과 홍정길 목사님을 비롯한 남서울은혜교회의 헌신으로 기적과 감동의 역사가 이어져왔습니다. 천사 같이 맑은 마음을 소유한 발달장애 학생들을 사랑하는 학부모의 간절한 기도로 시작되어 세상의 빛과 소금이 되기를 열망했던 남서울은혜교회와 장애인복지에 남다른 사명감을 가지고 있는 밀알복지재단이 협력하여 선을 이루게 되었습니다. 이후에 따뜻한 마음을 소유한 밀알학교 교직원과 후원자 및 봉사자들이 합력하여 오늘의 밀알학교를 일구어냈습니다.

　밀알학교는 설립초기에 많은 어려움이 있었지만 그때마다 하나님의 도우심으로 극복하였습니다. 주무관청이 지역주민들의 압력으로 건축허가를 반려하여 건축을 포기하려고 했을 때 하나님께서 건축법을 변경하여 주셨습니다. 원래 학교의 건축허가권자가 시·

군·구청장이었는데 시·도 교육청 교육감으로 변경된 것입니다. 그 결과 밀알학교는 서울시교육청 건축허가 1호로 건축허가를 받아서 설립되었습니다. 그러나 그 후에도 주민들이 물리적으로 반대하여 공사를 진행할 수 없는 상황이었지만, '공사방해중지가처분'이라는 법적인 소송에서 승소하여 건축할 수 있었습니다. 당시 많은 시민단체와 언론사들의 적극적인 지지와 옹호가 큰 힘이 되었습니다. 또한 남서울은혜교회 성도들은 학교 건축에 필요한 재정의 대부분을 헌신적으로 감당해주었습니다.

[밀알학교 행복이야기]는 지난 2001년 3월에 부임한 김용한 교감선생님이 밀알학교와 관련하여 학생들이 긍정적으로 변화하는 이야기, 고통을 이기며 사랑으로 자녀들을 양육하는 학부모들의 사랑 이야기, 교직원과 자원봉사자, 남서울은혜교회 등 이름도 빛도 없이 봉사한 보람된 이야기들을 엮은 것입니다. 아름다운 이야기가 담긴 행복이야기를 읽는 독자들 또한 하나님의 은혜를 깨닫게 되고, 고통을 극복하는 과정에서 역사하시는 하나님의 사랑과 정의를 알게 될 것입니다.

이 책이 밀알학교 학생과 학부모, 교직원과 남서울은혜교회 성도를 비롯한 자원봉사자 등 밀알가족들에게 조금이나마 위로와 격려가 되기를 기원합니다. 또한 장애인에 대한 사회적인 인식이 개선되고, 장애인이나 비장애인 모두 더불어 살아가는 사회통합이 조금이나마 앞당겨지기를 기원합니다.

정형석 상임대표
사회복지법인 밀알복지재단

추천사

학생들이 더욱
행복한 학교공동체를 꿈꾸며

"사랑하는 자들아 하나님이 이같이 우리를 사랑하셨은즉
우리도 서로 사랑하는 것이 마땅하도다." (요일 4:11)

장애는 특별한 것이 아니라 조금 불편할 뿐입니다. 이 세상에 표준적인 인간이란 존재하지 않습니다. 사람은 누구나 조금씩 다르게 태어나기 때문입니다. 이렇게 볼 때, 사람은 누구나 태어날 때부터 그 본래의 모습이 장애인이고, 나이 들어 죽음이 다가올 때에는 다시 장애인의 상태로 돌아간다고 할 수 있습니다. 장애로 인한 다름이 허물이 아니고, 그것을 긍정적으로 수용하고 이겨내는 용기가 중요한 것입니다.

[밀알학교 행복이야기]에는 이러한 장애를 있는 그대로 수용하고 올바로 이해하며 각자의 개성과 능력에 따라 교육받는 모습과 장애인들과 함께 지역사회에서 더불어 사는 기쁨과 감사를 누리는 이야기가 담겨 있습니다.

저는 지난 7년동안 어느 누구보다 한국밀알선교단의 〈월간 밀알보〉에 연재되는 [밀알학교 행복이야기]를 기다리며 설렘으로 읽고, 교육현장의 생생한 이야기에 공감하며 감동을 받았습니다. 아마 이러한 감동은 저 뿐만 아니라 이 책을 읽는 모든 사람들에게도 동일하게 전해질 것입니다.

밀알학교는 지난 20년 동안 자폐성 장애학생들의 꿈과 기를 키우는 행복한 학교로 자리매김하며, 장애자녀를 가진 학부모들에게 소망을 주고, 교직원들이 자긍심을 갖고 근무할 수 있는 믿음공동체로 우뚝 섰습니다. 그 현장의 생동감있는 이야기를 가슴으로 느낄 수 있을 것입니다. 이러한 감동과 희망을 주는 특수교육현장의 글을 연재한 김용한 교감선생님은 지난 33년간 오로지 특수교육 현장에 몸담으면서 오로지 장애 학생들의 변화와 성장을 위해 연구하며, 남다른 열정과 사랑으로 학생과 학부모, 그리고 교직원들을 격려하고 섬기는 자세는 동료 교사들의 귀감이 되고 있습니다.

　이 자리를 빌어 본교의 교육활동과 교직원들의 땀과 눈물, 자원봉사자들의 아름다운 헌신, 지역사회 협력기관과의 교류 및 지원활동에 관해 잔잔한 감동과 때로는 가슴찡한 감격의 메세지를 전해주신 교감선생님의 노고에 감사를 드립니다.
　앞으로 하나님께서 세우신 밀알학교는 학생들이 더욱 행복한 학교, 학부모들이 신뢰하며 함께 참여하는 학교, 전문성과 신앙적 인격을 갖춘 교직원들이 서로 섬기고 존중하는 학교 공동체로 지속적인 성장을 계속해 나갈 것입니다.

　이 책을 읽는 모든 분들에게 밀알학교의 꿈과 비전이 공유되고, 장애인과 그 가족의 애환을 폭 넓게 이해하며, 하나님의 사랑을 깊이 체험하는 기쁨과 감동이 있기를 소망합니다.

최병우 교장
밀알학교

[차 례]

01   자원봉사자들의 아름다운 헌신 ● 14
02   함께하면 통합니다 ● 17
03   밀알은 믿음과 사랑의 공동체입니다 ● 20
04   종민이의 명함 ● 22
05   부모의 기도와 헌신으로 다져진 밀알공동체 ● 25
06   지극히 작은 자를 섬기는 기쁨과 감사 ● 28
07   감동과 기쁨으로 학생들을 지도하는 특수교육실무사 ● 31
08   아이들을 부모 가슴으로 품어주는 종일반 선생님 ● 34
09   자선이 아닌, 일할 수 있는 기회를 ● 37
10   나누고 섬기는 삶의 기쁨과 감사 ● 40
11   이젠 나도 몸짱이 되고 싶어요 ● 43
12   아름다운 학교, 우리 손으로 가꾸어요 ● 46
13   함께 뛰는 마라톤 ● 49
14   하나님이 주신 달란트를 키워요 ● 52
15   봉사는 주님이 주신 축복의 통로입니다 ● 55
16   부모에게 믿음과 감사의 마음을 갖게 한 아이 ● 58
17   장로님, 장로님, 우리 장로님 ● 61
18   전교생이 모두 주인공입니다 ● 64
19   행복한 꼬마 화가 ● 67
20   식사 시간은 언제나 즐거워요 ● 70

꾹꾹 눌러 쓴 행복

[밀알학교 행복이야기]

21	달리는 생활교실, 신나는 학교버스	● 73
22	부모가 행복해야 자녀도 행복합니다	● 76
23	우리 엄마가 달라졌어요	● 79
24	자원봉사는 삶의 활력소입니다	● 82
25	특수교육 교사의 꿈을 키워요	● 85
26	함께 나누고 함께 살아가는 삶의 기쁨	● 88
27	지역사회와 함께 하는 열린학교	● 91
28	혼자서도 학교에 다닐 수 있어요	● 94
29	학생들의 정성과 꿈을 팔아요	● 97
30	국제화 시대, 밀알이 함께 열어갑니다	● 100
31	쿠키와 빵 만드는 일이 즐거워요	● 103
32	주님의 풍성한 은혜로 채워주신 미션 스쿨	● 106
33	나는 클라리넷 부는 멋쟁이	● 109
34	학교 보안관으로 일하는 기쁨과 감사가 있습니다	● 112
35	밀알학교 봉사는 오히려 내 삶에 힐링이 됩니다	● 115
36	밀알! 밀알!! 파이팅!!	● 118
37	맛있고 아름다운 커피를 열심히 만듭니다	● 121
38	'자선이 아닌, 기회'를 나누는 현장, 굿윌스토어	● 124
39	교실보다 더 편안한 곳, 언제든지 가고 싶은 곳, 보건실	● 127
40	농작물을 가꾸고 수확하는 즐거움이 있어요	● 130

41	당신은 밀알의 충성된 일꾼입니다	● 133
42	통일이 되어 한반도 우리 강산을 마음껏 여행하고 싶어요	● 136
43	학교 도서관에 책이 많아 참 좋습니다	● 139
44	음악을 통해 세상과 소통하는 천사들	● 142
45	자폐성 장애 학생의 감각기능 개선을 위한 특별한 공간	● 145
46	세상과 소통하는 꿈을 키워주는 예술교육	● 148
47	물건도 팔고 사랑과 기쁨을 나누는 축제 한마당	● 151
48	그림으로 세상과 소통하는 아티스트 이야기	● 154
49	교육활동에서 학생들의 안전이 최우선입니다	● 157
50	실장님, 실장님, 우리 실장님	● 160
51	학생, 학부모, 교직원, 봉사자가 하나 된 축제	● 163
52	교사는 수업으로 승부한다	● 166
53	특수교육학과 학생들의 견학과 실습 모델 학교	● 169
54	교직은 전문직이다	● 172
55	동아리 활동 시간이 더욱 즐거워졌어요	● 175
56	졸업! 또 다른 성장과 발전의 시작입니다	● 178
57	학교 가는 것이 좋고 행복하다고 해요	● 181
58	산을 오르는 즐거움에 빠져봅시다	● 184
59	어머니! 밥상 차렸습니다	● 187
60	교육은 지식이 아니라 감동으로 하는 것	● 191

61	'배워서 남 주기' 위한 참 교육을 실천하는 곳 ● 194	
62	함께하면 통(通)하는 밀알유치원 ● 197	
63	그림 재능으로 취업의 문을 연 우진이 이야기 ● 200	
64	'이것만은 꼭 지키자' 13개 학교생활 규칙 실천하기 ● 203	
65	학생들의 땀과 정성을 모아 나눔을 실천하는 기쁨 ● 206	
66	스포츠 활동으로 신나는 토요일 생활체육학교 ● 210	
67	입학하려고 학교 근처로 이사까지 왔어요 ● 213	
68	선생님! 캠프 또 가고 싶어요 ● 216	
69	밀알 공동체가 서로 소통하고 공감하는 열린학교 경영 ● 220	
70	하나님의 은혜와 사랑이 충만한 밀알 공동체 ● 224	

더 담고 싶은 행복

밀알학교가 있어 아름다운 강남 ● 228

맛있는 햄버거 선물 ● 230

모범사원 ● 233

에필로그 ● 236

꾹꾹 눌러 쓴 행복

[밀알학교 행복이야기]

★

| 김용한 지음 |

자원봉사자들의
아름다운 헌신

> 밀알학교는 지난 1997년 3월, 개교를 하기까지 인근 주민들의 강한 반대에 부딪혀 숱한 어려움을 겪었지만 '공사방해중지 가처분신청'이란 법적 대응을 통해 발달장애 학생들도 국민으로서의 기본적인 교육권을 누리게 되었습니다.
>
> 지난 13년의 역사를 돌이켜보면, 특수학교의 본래 기능인 장애 학생들을 교육하는 일 외에 지역사회의 많은 주민들에게 장애인에 대한 인식 개선 및 장애인 교육의 중요성을 알리고, 나아가 지역주민들로 하여금 장애인 교육과 재활 및 복지에 관한 정보 지원을 통해 장애인 관련 활동에 적극 동참할 수 있는 계기를 만들어 주려고 노력해 왔습니다. 그 결과 특수학교의 부정적 이미지를 해소하고 오히려 지역 사회의 교육 및 문화센터로 각광받고 있으며 발달장애를 가진 부모들에게 신뢰받는 교육실천 학교, 한국 특수교육을 주도해가는 선진학교로 인정받기에 이르렀다고 생각합니다.

이렇게 밀알학교의 위상이 높아진 것은 남서울은혜교회 홍정길 담임 목사님을 비롯한 여러 성도들의 장애인 선교사역에 대한 깊은 관심과 기도, 그리고 밀알공동체에 속한 교직원들의 열정이 있었기 때문입니다. 하지만, 더욱 큰 역할을 감당한 것은 바로 '**이름 없이, 빛도 없이 수고한 자원봉사자들**'의 헌신적인 노력 덕분입니다.

그 중에서도 '**남서울은혜교회 밀알구역**' 10여 명의 성도님들은 개교 때부터 지금까지

13년 동안 한 주도 빠짐없이 매주 금요일 오전에 각 학급에 배치되어 발달장애 학생들의 학습지도와 생활지도를 보조해 교육의 효율성을 높이는 데 크게 기여해 왔습니다. 특히 학생들을 하교시킨 후 학교 식당에서 점심식사를 하고 오후에 회의실에서 구역예배를 통해 신앙과 친교를 나누는 모습은 '하나님 사랑, 이웃 사랑'을 몸소 실천하는 아름다운 믿음 공동체의 모범을 보여줍니다.

"신학기 때 처음 자원봉사자 교육을 받고 교실에 들어갔을 때는 사실 장애학생에 대해 잘 몰라 겁도 나고 무엇을 도와주어야 할지 잘 몰라 부담스러웠습니다."라고 말씀하시는 김덕순 집사님은 또 "이제 학생들과 정이 들다 보니 방학 때면 이들이 보고 싶어집니다." 하고 고백하고 있습니다. 그리고 교회 집사님들이 함께 봉사를 하고 싶은데 잘 할 자신이 없어 망설이고 있으면 "보이지 않지만 물이나 공기처럼 드러내지 않고 내 안에 있는 사랑으로 학생들이 수업에 잘 참여할 수 있게 도와주고, 선생님의 도움 요청에 적극적으로 움직여 드리면서 함께 하면 돼요."라고 권면한다고 합니다. 그래서 올해부터는 남서울은혜교회 밀알구역이 하나 더 늘어나게 되었습니다.

이들은 밀알학교 학생들을 바라볼 때, 세상의 걱정과 시름들은 우리의 욕심이고, 헛된

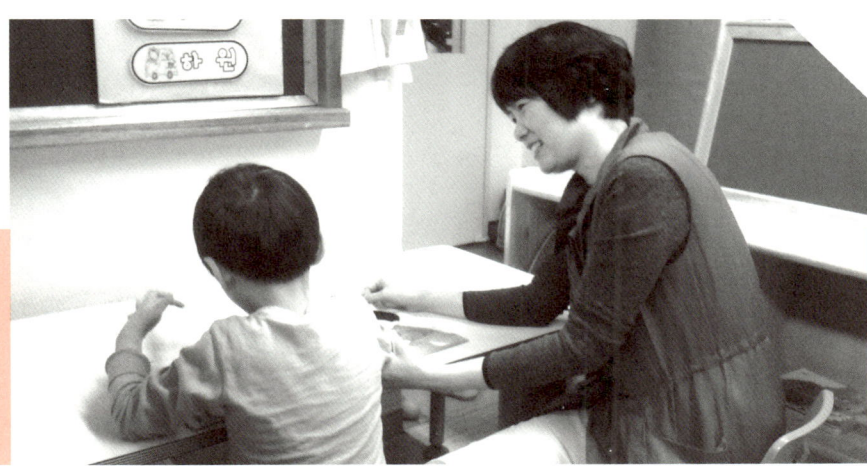

것이라고 가르쳐준 '밀알 천사들'이라고 부르며, 일주일에 가장 행복한 날이 밀알학교 봉사하는 날이며, 이러한 봉사를 할 수 있도록 축복해주신 하나님께 감사하고 있다고 힘주어 말하고 있습니다.

  이러한 좋은 동역자, 자원봉사자들이 밀알과 함께 하므로 본교는 더욱 발전할 것이고, 앞으로 지역사회와 더불어 사는 아름답고 행복한 공동체의 위상을 드높여 갈 것입니다.

- 2010년 7월호 -

함께하면 통합니다

일반학교 학생들과의 교류, 통합교육활동

"밀알학교에 처음 왔을 때는 사실 친구들이 무서웠고, 어떻게 지내야 하는지 잘 몰랐어요."
"밀알 친구들은 비록 말은 못하지만, 우리랑 똑같이 생각하고 느낀다는 것을 알았어요."
"저는 인라인스케이트 잘 못타는데, 저 뚱뚱한 친구는 저보다 훨씬 잘 타요."
"밀알학교는 우리 학교보다 시설도 더 좋고, 선생님들도 매우 친절하여 밀알 친구들과 함께 공부하는 것이 재미있어요."

위 글들은 본교와 통합교류교육 프로그램(열린학습의 날)을 실시하고 있는 일원초등학교 학생들이 교환체험학습을 하고 난 후에 쓴 소감문의 일부입니다.

이러한 통합교류교육은 교육과정의 재량활동 시간을 활용하여 매주 토요일에 실시하였습니다. 초등학교는 원촌, 일원, 왕북초등학교와 집단놀이 및 등산 활동을 중심으로 프로그램을 진행하였으며, 중학교(중동, 대왕, 강남, 언남 중학교 등)와 고등학교(중동, 중산, 대원외고 등)는 같은 학년별 또래집단을 만들어 등산 활동을 주로 하였습니다. 고등학생은 필요한 경우 초등부 학급에서 교육활동 보조원으로 참여하기도 하였답니다. 그리고 유치원은 방죽 어린이집, 일원 어린이집 등과 매주 월요일에 놀이 활동을 하였습니다. 유치원생들이 금방 허물없이 지내는 모습을 보고 통합교육은 어리면 어릴수록 더 좋을 것이라는 생각을 하였습니다.

물론 이러한 통합교육이 처음부터 순탄히 이루어진 것은 아니었습니다. 학기 초에

담당교사들의 상호 방문을 통해 교류를 약속하였는데 일반학교 학부모의 반대로 하지 못한 일도 있었고, 때로는 학교장의 추진 의지에 대해 일반 교사들이 업무과다를 이유로 반대하여 흐지부지 된 적도 있었습니다.

그러나 이러한 교류통합교육을 통해 밀알학교 학생들에게는 비장애 학생들과 친구관계를 형성할 수 있는 체험과 상호 협력하는 태도를 기르며 다양한 프로그램에 참여하는 능력을 증진시켜 줍니다. 그리고 일반 학생들에게는 장애인에 대한 인식 개선 및 서로 돕고 사는 인성 계발, 타인을 존중하고 배려하는 태도 증진, 상호간의 필요와 도움을 주고받는 능력을 최대한 신장시키려는 중요한 목적이 있었기에 지속적으로 추진해 오고 있습니다.

다행한 것은 최근 들어 통합교류교육의 중요성을 깊이 인식하고 있는 일반학교 교사들이 늘어나고 있으며, 오히려 먼저 본교와의 교류를 요청해오기도 합니다. 그리고 작년에 초등학교 6학년 어느 학부모로부터 감사와 격려의 전화를 받았는데, 교환체험학습에 참여한 자녀가 그 날 집에 와서 "엄마! 앞으로 공부를 더 열심히 하여 어려운 사람을 돕고 싶어요." 라고 말했다며, "이러한 교류통합교육은 다른 어떤 교과 교육보다 더 귀중한 공부인 것 같습니다."라고 감격하였답니다.

그런 의미에서 밀알학교의 사명은 독특한 교육적 욕구를 가진 발달장애 학생들을 잘 가르치고 이들 부모님들에게 소망을 주는 것에 머물러서는 안 되며, 나아가 인근 일반 학교 학생들에게 장애인을 비롯한 사회적 약자와 더불어 사는 삶의 가치와 방법을 몸에 익히게 하여 궁극적으로 우리사회가 완전한 사회적 통합을 이루어 갈 수 있도록 부단히 노력하는 일이라 생각합니다.

- 2010년 8월호 -

밀알학교 행복 이야기

밀알은 믿음과 사랑의 공동체입니다

3 밀알이야기

밀알학교는 설립초기 인근 주민의 지역이기주의(님비현상)로 숱한 어려움을 겪었습니다. 그러나 이를 슬기롭게 극복하고, 지금은 학생들이 행복한 학교, 학부모들이 자녀를 믿고 맡길 수 있는 학교가 되었습니다. 더불어 지역주민들의 폭넓은 참여를 이끌어 내어 열린 학교가 된 것은 밀알공동체 구성원들이 하나님을 경외하고, 서로를 섬기고 베푸는 사랑공동체로 모였기 때문이라는 생각이 듭니다.

매일 아침 일과를 시작하기 전에 전교직원들이 회의실에 모여 하나님의 말씀을 묵상하며 주님을 찬양하는 경건의 시간을 갖고 있습니다. 이 시간에 순서를 맡은 선생님이 본교 교직원들과 학생들을  위해 함께 드리는 중보기도는 '기쁨은 배가 되고 슬픔은 반으로 줄이는 촉매제요, 공동체를 살리는 힘의 원천'이 됩니다. 그리고 생일을 맞이한 선생님을 자리에 세워 축복송으로 축하해주는 모습은 참으로 가슴 벅찬 감동을 줍니다.

그리고 매주 월요일 1교시에는 교직원과 학생들이 함께 드리는 예배시간이 있는데 이때 학생들이 예배의 주체자로서 참여합니다. 교사의 인도에 따라 찬양할 때 독특한 음성으로 노래하며, 율동도 함께 합니다. 반별로 대표학생이 기도를 인도할 때는 온 정성을 다하며, 남서울은혜교회 목회자들이 말씀을 선포할 때는 주님께 감사와 다짐의 시간이 됩니다.

무엇보다 밀알동산이 아름다운 것은 교직원들이 서로를 세워주고 나누는 사랑 공동체이기 때문입니다. 나무가 건강하게 자라나려면 오래된 가지가 '밑가지'가 되어 뿌리로부터 영양분을 공급받아 새로운 가지에 잘 전달해주고 폭풍우가 몰아칠 때 잘 버티어주어야 합니다. 그러나 요즘 세상은 이러한 밑가지가 되기보다는 남을 짓밟고서라도 '윗가지'가 되려고 합니다. 교육현장에서조차 '훌륭함'보다 '유능함'을 더 강조하다 보니 희생과 봉사의 마음은 점차 사라지는 안타까운 실정입니다.

그러나 밀알학교에서는 아침 식사를 하지 못하고 온 선생님을 위해 간식을 준비하여 함께 나누는 선생님, 새로 부임해 온 같은 학년의 선생님을 의해 예쁜 꽃다발을 준비하는 선생님, 다른 선생님이 갑작스런 집안일이나 건강이 좋지 못해 출근이 늦어질 때 보결을 부탁하면 흔쾌히 맡아주는 선생님, 찬양시간이면 어김없이 자청하여 인도와 반주를 해주는 선생님, 부적응행동이 심한 학생들과 씨름한 후 기진맥진해 있을 때 말없이 그 반 교실 정리를 해주시는 선생님, 다른 과정의 행사(캠프, 생활훈련 등)를 격려하기 위해 먼 길을 마다 않고 위문가는 선생님들, 부활절이나 성탄절 혹은 여러 기념일에 전교직원에게 정성이 담긴 조그만 선물을 준비하는 선생님 등 모두를 감동하게 하는 섬김과 헌신의 모습이 때때로 눈물을 자아내게 합니다.

- 2010년 9월호 -

종민이의 명함

"종민아! 교감 선생님이 내일 부산에 출장을 가야 하는데 부산역에서 지하철을 타면 서면까지 몇 정거장을 가야 하니?"
"예, 부산역, 초량동, 부산진, 좌천동, 범일동, 범내골, 서면, 6번째 역입니다."

종민이는 자폐범주성 장애인의 특성 중 하나인 '서번트 증후군'(지적 기능이 낮지만 특정분야에서 놀라운 재능이나 기억력을 보이는 증상)을 가진 학생입니다. 3년 전에 본교 고등부를 졸업하고, 현재 이화여자대학교 중앙도서관 사서보조로 근무하고 있습니다.

특히 종민이는 서울특별시 지하철뿐만 아니라 부산, 대구 등 전국의 전철역 이름을 순서대로 모두 외우고 있었기 때문에 서울시내 출장이나 볼 일이 있을 때 종종 이러한 도움을 받았던 기억이 납니다.

사실 종민이는 고등부 1학년 1학기 때 일반 고등학교 특수학급에서 과잉 반응 행동으로 인해 자의반 타의반으로 밀알학교에 편입학을 했습니다.
그래서 본교에 와서 한동안 세심한 관찰이 필요했습니다. 더구나 키 180cm, 몸무게 80kg 이상 나가는 건장한 체구로 가끔 화가 나서 힘으로 밀면 남자 교사들도 제어하기 힘들 정도로 다루기 힘든 학생이었습니다.

그러나 기분이 좋을 때에는 순한 양처럼 교사들의 지시에도 잘 따르며, 음악적인 재능이 있어 핸드벨 합주단 활동을 하기도 했습니다. 약간 말을 더듬기는 했지만 자신의 의사 표현을 말로 표현할 수 있어서, 학교 식당의 봉사반과 '꿈이 있는 가게'에서 점원으로 일을 했습니다.

그 후 고등부 3학년 1학기 때에는 매주 금요일 '전환교육의 날'에 충현복지관 작업활동시설에 나가 교외실습을 하고, 매주 월요일에는 직무지도원(job coach)과 1:1로 개포도서관에서 사서보조로 실습을 하였습니다. 숫자에 관심이 많은 종민이는 반납된 책을 서가에 꽂고, 바코드 붙이는 일을 비장애인보다 더 잘 하였습니다.

고등부 졸업을 앞두고 진로상담을 할 때, 부모님은 처음에 종민이에게 당장 일을 시키기보다 상급학교(지방의 전문학교라도)로 진학을 원하셨지만 체계적인 직업훈련을 통한 취업이 장래 자립을 위해 더 중요하다고 몇 차례 말씀드리고, 본교와 협력하고 있는 충현복지관 직업훈련센터 내 보호작업장으로 진로를 결정하게 되었습니다.

그 곳에서 2년 근무하는 중에 마침 이화여자대학교에서 특수교육학과 박승희 교수님의 제안과 정책연구의 일환으로 10명의 발달장애인을 계약직으로 고용하여 중앙도서관, 구내식당, 학생건강지원센터 등에서 1년간 실습을 할 수 있도록 배려해주었습니다. 종민이는 중앙도서관에 배정이 되었습니다.

처음에는 직원들과의 관계 형성 문제와 주어진 업무를 잘 파악하지 못해 어려움이 있었지만 예상 외로 잘 적응하여 1년간의 실습 후에 재고용 계약을 하였고, 이제는 중앙도서관에서 매우 안정적으로 일하고 있는 모범직원이 되었습니다.

그 모습이 대견하고 얼마나 자랑스러운지 박승희 교수님께서 이들에게 이화여대 직원이라는 자부심을 갖게 하려고 명함을 만들어주셨습니다. 저도 그 명함을 한 장 받아 수첩에 넣어 가지고 다니는데 가끔 꺼내 볼 때마다 훌륭한 제자를 둔 기쁨이 몰려옵니다.

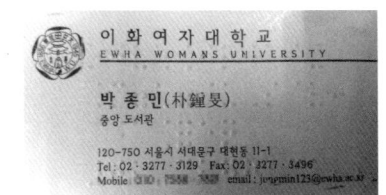

비록 아직은 적은 수에 불과하지만 종민이처

럼 지역사회 속에서 당당히 자신의 재능을 활용하여 비장애인들과 함께 어울려 일하는 발달장애인들의 또 다른 미래의 모습을 상상하면서 오늘도 특수교육현장의 많은 교원들은 소망을 갖고 새 힘과 용기를 가져봅니다.

- 2010년 10월호 -

부모의 기도와 헌신으로 다져진 밀알공동체

밀알학교가 설립되게 된 배경에는 당시 학교 교육을 제대로 받을 수 없었던 자폐성장애 자녀를 둔 학부모님들의 간절한 기도가 있었습니다. 남서울은혜교회가 중동고등학교를 인수하기로 결의하고 절차를 진행하던 중 자폐성 장애 자녀를 가진 세 명의 어머니들이 홍정길 담임목사님을 찾아와 "목사님, 일반 고등학교는 다른 많은 교회에서도 하고 있지만 정서장애 아동들을 위한 학교는 없습니다. 우리 교회에서 고등학교를 운영하는 대신 정서장애 아동들을 위한 학교를 세워주세요."라고 부탁하였습니다.

이때, 홍정길 목사님은 '고등학교를 잘 운영하고 난 다음에 꼭 그렇게 하겠다.'고 대답하셨지만, 어머니들은 "목사님! 저희들은 절대로 기도를 쉬지 않을 겁니다."라고 울먹이면서 말씀하셨다고 합니다. 그 후 얼마 지나지 않아 고등학교 인수 계획은 동문들의 반대로 무산되었습니다. 그 당시 학교 인수문제를 의논해 오던 서울특별시 교육청 담당자가 "정서장애학교를 세우면 안 되겠습니까? 늘 계획은 있었지만 항상 우선순위에 밀려서 몇 년 째 학교가 지어지지 못하고 있습니다."라고 말하는 것을 듣고, 목사님은 장애아 부모님들의 끈질긴 기도가 있었다는 사실을 새삼 떠올리게 되었다고 합니다.

이렇게 부모님들의 기도로 세워진 밀알학교는 이제 명실공히 국내 최고의 특수학교로 성장 발전하게 되었습니다. 이러한 결과를 가져온 것은 가교 이후 밀알복지재단을 통한

남서울은혜교회의 전폭적인 지원과
그에 힘입은 교사들의 헌신적 사랑,
그리고 식지 않는 교육열정으로 장애
학생들을 가르치고 섬겨온 열매이

기도 합니다. 그리고 학부모님들이 교사를 신뢰하고 학교 교육활동에 적극적으로 참여해 준 덕분이라고 생각합니다.

학부모님들은 정기적으로 부모회와 학급별 대의원 모임에 참석해 학교 행사나 교육활동에 대한 학교 측 입장을 듣고 적극 협조해 주시고 있습니다. 학교 또한 부모님들의 의견을 최대한 수렴하여 교육활동 계획에 반영하고 있습니다. 특히 올해(2010년) 학부모회에서는 그 동안 '밀알오색 바자회'를 통해 얻은 수익금의 일부를 현재 고등부 학생들이 전환교육 실습을 하고 있는 3개 복지관과 2개의 직업훈련센터에 후원을 함으로써 본교와 지역사회 기관과의 연대를 긴밀히 모색하는 계기를 마련하였습니다.

그리고 학교와 학생, 교사들을 위해 부모님들이 정기적으로 모여 기도하는 '학부모 기도회'도 학교발전에 큰 힘이 되고 있습니다. 현재 매월 셋째 주 토요일 오전에 별관 세미나실에서 진행되고 있는 학부모 기도회는 신앙이 없는 분들도 함께 참여할 수 있습니다. 기도회 후에 차를 마시며 자연스런 교제를 나눔으로써 부모님들의 연합과 믿음을 다지는 영성훈련의 터전으로 되고 있습니다.

남서울은혜교회는 예배당을 지을 예산으로 학교 건물을 지었습니다. 그래서 주중에는 학교가 사용하고, 주말에는 교회가 사용합니다. 그것을 모르는 학부모님들이 개교 초에 교회 성도들이 학교에 출입하는 것을 탐탁지 않게 여기던 일들도 있었습니다. 그러나 이제는 이 모든 것을 이해하고 교회를 위해서도 함께 기도하고 밀알부 (남서울은혜교회 장애인 주일학교)에서 봉사를 하기도 합니다.

또한 부모님들 중에는 학교 교육활동을 자발적으로 돕는 '자원봉사자'로 참여하기도 합니다. 특히 수업을 보조해주는 교육 자원봉사활동이 있습니다. 이때 학교 측에서는 자원봉사를 하는 해당 부모님 자녀의 심리적 안정을 고려하여 다른 과정이나 다른 학급에서 봉사하도록 배려하고 있습니다.

한편 밀알학교에는 학생들의 직업 재활교육을 돕는 '꿈이 있는 가게'가 있는데 생활지도와 물품관리 및 판매를 돕는 자원봉사도 학부모님들이 하고 있습니다. 부모님들은 요일별로 한 분씩 자원봉사를 하고 있습니다. '꿈이 있는 가게'는 중·고등부 학생들이 만든 공예품과 도자기, 화분, 생활용품 등을 판매하는 상설매장으로, 학부모들 중심으로 운영위원회를 만들어 진행하고 있으며 점차 물품도 다양해지고 매출도 늘어나고 있습니다.

이처럼 밀알교육의 지속적인 발전은 학교 교직원들만의 노력으로는 한계가 있습니다. 지금까지 기도와 헌신으로 함께해주신 부모님들이 앞으로도 수레바퀴의 한 축을 꾸준히 감당해 준다면 밀알학교는 학생과 학부모, 교사 모두가 더욱 행복한 학교로 발전하리라 확신합니다.

— 2010년 11월호 —

밀알학교 행복 이야기
28

지극히 작은 자를 섬기는 기쁨과 감사

6

행복이야기

　지난 11월 15일, 월요일 오전 본교 별관 1층 성준홀 앞, 학생들이 의자에 앉아 차례를 기다리고 있었습니다. 홀 안에는 세 명의 학생들이 머리카락을 깎고 있었습니다. 이·미용 봉사를 해주시는 분들께 감사의 인사를 전하려고 갔더니, 머리 손질을 하시던 남서울은혜교회 집사님이 "학생들 얼굴이 참 잘 생겼어요." 라고 하셨습니다.

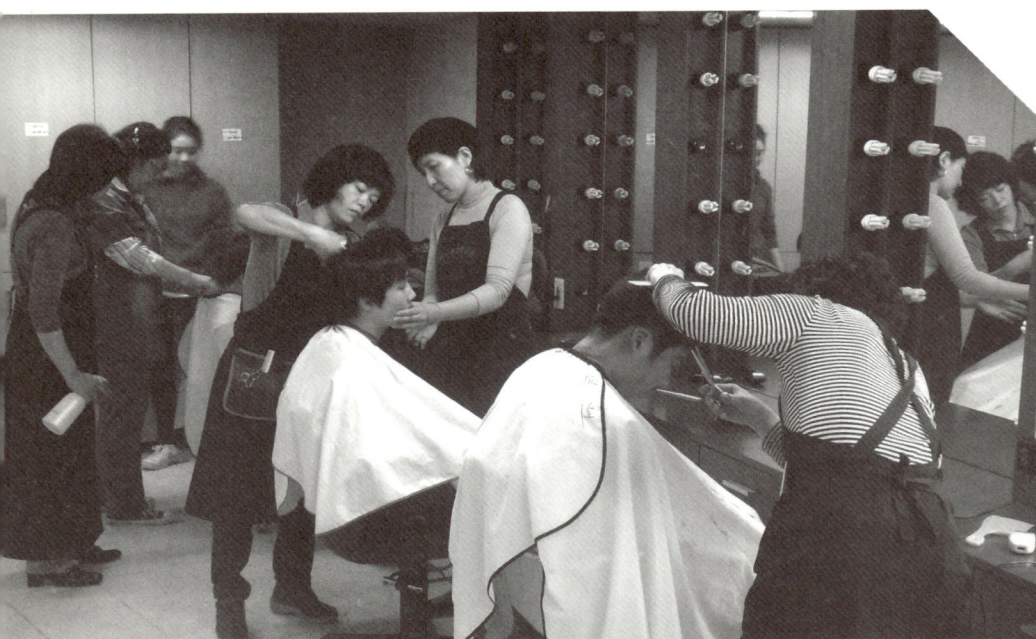

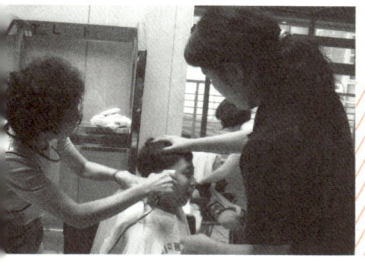

"예, 우리 학생들은 모두 한 인물 합니다."

밀알학교 학생들은 70-80%가 자폐 범주성 장애 학생들입니다. 원인은 아직 밝혀지지 않았지만 뇌세포의 기질적인 손상으로 인하여, 인지 능력이 열약(劣弱)합니다. 또한 언어적인 의사소통이 잘 이루어지지 않으며, 상동행동과 특정사물이나 활동에 집착을 보입니다. 그리고 대인관계와 감정 조절 등에 어려움을 겪고 있어서 정서 및 행동장애를 동반하기도 합니다.

특히 이들은 촉감각 기능이 민감하여 다른 사람이 머리나 어깨, 목 부위를 만지는 것을 매우 싫어하는 경향이 있습니다. 그래서 이·미용실에 데리고 가려면 온 가족을 동원해야 합니다.

이러한 부모님들의 고충을 덜어주기 위해 7년 전부터 남서울은혜교회 이·미용 봉사팀과 연계하여, 매월 셋째 주 월요일 오전에 머리 손질을 해주고 있습니다. 초창기에는 많은 어려움이 있었습니다. 봉사 팀들이 학생들의 특성을 잘 몰라 가운을 입힌 후 머리카락을 깎는 전동기계를 머리에 대니 소스라치게 놀라 가운을 입은 채 도망가기도 하였습니다. 그래서 가위로만 머리손질을 하기도 하고, 어떤 학생은 힘센 남자 교사와 보조원들이 몸과 머리를 붙잡고 억지로 머리카락을 깎기도 했습니다.

그러나 요즘은 학생들이 이·미용 시간에 내려오면 의젓하게 의자에 앉아 머리 손질하는 집사님의 요구에 대부분 협조를 잘 해줍니다. 물론 아직도 긴장을 하고 있는 학생들도 있지만 머리손질을 마치고 "자, 이제 끝났어요."라고 하면, 멋쩍은 듯 해맑은 미소로 화답해주는 학생들의 그 모습이 얼마나 순수하고 예쁜지 봉사하는 보람과 기쁨이 있다고 팀장 원정옥 집사님이 말씀하셨습니다.

이·미용 봉사팀 외에도 남서울은혜교회의 많은 성도들이 밀알학교에서 자원봉사자로 수고하고 있습니다. 특히 토요일에는 주로 학급별로 재량활동 시간을 활용하여 대모산 등산을 하고 있는데 박효석 장로님은 벌써 10여 년 이상 학생들의 등반활동을 도와주고 있습니다. 등산을 마치고 교문으로 들어오는 장로님께 "수고하셨습니다. 정말 감사합니다."라고 인사를 드렸더니 "아니요. 학생들과 함께 등산을 하다 보니 오히려 내 몸과 마음이 더 건강해집니다."라며 즐거워하셨습니다.

남서울은혜교회가 밀알학교를 섬기기 위해 예배당 지을 예산으로 학교 건물과 체육관을 잘 지어 평일에 학생들이 마음껏 공부하고 뛰어 놀 수 있도록 환경을 만들어 주신 일도 대단하지만, 이름도 빛도 없이 수고하시는 많은 봉사자들로 인해 발달장애 학생들의 교육활동이 점차 다양해지고 있습니다. 나아가 이들의 사회적 생활자립 능력에도 많은 발전을 가져왔습니다. 이러한 변화를 볼 때 그동안 교인들의 학교를 위한 기도와 헌신에 대한 하나님의 응답이 아름다운 결실로 이루어지고 있어 더욱 기쁘고 감사하게 생각합니다.

- 2010년 12월호 -

7 감동과 기쁨으로 지도하는 특수교육실무사

흔히 '교육의 질은 교사의 질을 능가할 수 없다.'고 합니다. 그만큼 교사의 교육 전문성이 중요하다고 생각됩니다. 특수교육 현장은 더욱 그렇습니다. 그런데 최근 들어 특수학교에 입학하는 학생들의 장애 유형과 수준이 다양하고 점차 중도(重度), 중복화 되어가고 있어 용변 등의 신변처리능력이 부족하고, 과잉행동이나 충동행동 등의 부적응 행동 때문에 특별한 지원 없이는 교사들이 전문성을 발휘할 수 없는 실정입니다.

특히 본교 재학생의 경우, 자폐범주성 장애학생이 80% 이상을 차지하고 있어 학생 수준에 알맞은 학습지도와 생활지도를 하기에는 역부족입니다. 개교 때부터 자원봉사자를 최대한 활용하여 학생 생활지도의 도움을 받고 있습니다. 그러나 보다 체계적이고 지속적인 교육활동을 위해서는 교사의 교육적 의도를 이해하고 함께 협력할 인적자원이

필요한 것입니다. 그래서 개교 다음해인 1998년 3월부터 유치부와 초등부 1학년에 밀알복지재단과 남서울은혜교회의 지원을 받아 유급 보조원(학습도우미)을 배치하게 되었습니다. 이것이 우리나라 '특수교육보조원'[1] 제도의 첫 시작이

---

[1] 2014년, 특수교육실무사로 명칭 변경

되었습니다. 그 후 2002년 국립특수교육원에서 보조 인력에 관한 정책연구를 통해 2004년부터 공식적인 국가 예산으로 실무사를 배치하게 되었습니다.

2010년 현재, 본교에는 서울특별시교육청 지원 보조원이 12명, 강남구청에서 지원하는 공공근로 보조원 5명, 자활후견인사업 지원 보조원 4명, 그리고 병무청 소속 공익보조원 (사회복무요원) 3명 등 24명의 보조원들이 교사의 전문적인 교수활동을 보조하고 장애 학생의 학습 및 생활지도를 지원해주고 있습니다.

사실 특수교육보조원의 급여가 노동법에서 정한 최저 임금 수준밖에 되지 않는데도 발달장애 학생들을 진정으로 아끼고 사랑하며, 교육활동 후 교실 청소와 수업준비, 그리고 환경구성까지 열심히 도와주고 있는 보조원들의 모습을 볼 때 저절로 고개가 숙여집니다.

그 중에서도 2000년 4월부터 11년째 본교에서 보조원으로 근무하고 있는 정희정 선생님은 정말 소중한 분입니다. 학생들의 특성을 잘 파악하여 상황에 따라 적절히 교사를 지원해주고, 항상 친절한 미소로 학생들과 즐겁게 생활하는 모습은 보는 이들로 하여금 삶의 활력을 줍니다. 특히 손재주도 많아 다양한 수공예 작품을 만들어 왔으며, 작년부터는 바리스타 교육을 이수하고 '꿈이 있는 가게'와 '요한카페'에서 학생들의 판매 실습과 서빙 지도를 담당하고 있습니다.

"정 선생님! 보조원으로 일하는 것이 힘들지 않습니까?"라고 물어보니 겸연쩍어하면서 "학생들을 도와줄 때, 그 고마운 표현을 말로 직접 하지 못하지만 가끔 빙긋이 웃어주는 그 모습만으로도 큰 감동을 받습니다."하며 앞으로 더욱 열심히 이들을 돕고 싶다고 힘주어 말했습니다.

어느 공익근무 보조원은 22개월간의 정규 복무기간이 끝났는데도 학생들의 모습이 보고 싶어서, 또 선생님들을 지원하기 위해 현장체험학습일이나 캠프 등에 정기적으로 자원봉사를 하는 분들도 있습니다.

이처럼 우리 밀알학교 공동체는 정규 교사들뿐만 아니라 많은 특수교육실무사와 자원봉사자들도 발달장애 학생 한 명 한 명을 귀하게 여기고 있습니다. 학생들이 가진 잠재력을 최대한 이끌어내기 위해 오늘도 자신이 먼저 감동하며 기쁨으로 일하고 있는 구성원들로 인해 밀알학교는 매우 행복합니다.

- 2011년 11월호 -

밀알학교 행복 이야기

34

아이들을
부모 가슴으로 품어주는
종일반 선생님

웰빙이야기 8

　많은 장애인 부모들은 장애 자녀의 치료와 교육을 위해 혼신의 힘을 다하고 있습니다. 특히 취학 전에 장애를 치유하기 위한 수술이나 각종 치료에 드는 비용은 대부분 특진으로 진행됩니다. 그렇기 때문에 가정생계에 어려움을 주는 경우도 있습니다. 더구나 자녀의 장애를 고치기 위해 어머니는 다니던 직장을 그만두고, 병원이나 치료실, 연구소, 복지관 등으로 순회합니다. 그 많은 경비와 노력을 통해 자녀의 장애가 경감되고 교육의 효과가 나타나는 경우도 있지만 그렇지 못한 경우도 많습니다. 그럼에도 불구하고 부모들은 자녀를

치료하기 위한 노력을 중단할 수 없어 유치원이나 초등학교를 입학하여서도 계속하고 있습니다.

다행히 장애 아동이 특수학교에 입학하거나 일반학교의 특수학급에 들어가면 유치원부터 고등학교까지 무상교육을 받으며, 급식과 통학버스도 무료로 제공받고 있습니다. 또한 유치원과 어린이집 등에서도 공립, 구립뿐만 아니라 사설기관에서도 장애인으로 등록되거나 특수교육이 필요하다는 의사소견서가 있으면 그 아동에 대해 교육비와 급식비를 전액 면제 받을 수 있습니다.

그러나 부모가 함께 직장을 나가야 하거나 한 부모 가정의 경우, 정규수업이 끝난 방과 후에 장애 학생을 맡길 수 있는 곳이 마땅치 않고, 학교 교육과 연계된 지도가 이루어지지 않아 많은 어려움을 호소하여 왔습니다. 이러한 장애 부모들의 현실적인 고충을 덜어주기 위해 5년 전부터 서울시교육청의 지원을 받아 특수학교에서 '종일반' 프로그램을 실시하고 있습니다.

본교에서도 현재 유치원와 초등학교 학생을 대상으로 3학급이 운영되고 있는데 1학급당 6~8명의 학생들을 2명의 보육관련 전공교사가 맡아 지도하고 있습니다. 대상 학생의 선발은 새 학년 시작 전에 가정통신을 통해 공지하고 맞벌이 부모임을 증명하는 서류를 검토하여 결정하고 있습니다. 지원자가 정원보다 많을 경우에는 기초생활수급 가정이나 한 부모 가정을 우선으로 하고 있습니다.

사실 아이를 하루 종일 학교에 맡기는 부모들의 심정은 불안감과 안타까움이 있을 것입니다. 방과 후에 자녀들이 귀가하면 맛있는 간식을 챙겨주고 싶고, 치료교육 기관을 직접 데리고 다니면서 부모의 역할을 더 충실히 하고 싶지만 사정이 여의치 못하기 때문에 종일반에 학생들을 보내고 있는 것입니다.

그래서 종일반 교사들은 담당 학생이 정규 수업과정을 받고 있는 오전부터 출근하여 방과 후 수업 준비와 간식 재료 등을 구입하여 학생들에게 최상의 교육적인 환경과 즐거운 시간을 가질 수 있도록 노력하고 있습니다. 또한 부모와의 정기적인 상담과 간담회를 통해 학생의 장애 특성과 수준을 잘 파악하여 부모와 같은 마음으로 양육하고자 애쓰고 있습니다.

종일반은 토요일을 제외한 주 5일 동안 운영되며, 방학 기간 중에도 오전 9시부터 오후 5시까지 실내에서의 소집단 활동과 자유선택 활동, 치료교육실 이용, 그리고 현장체험학습 등을 통해 보육과 교육이 균형과 통합을 이루고 있습니다.

특히 학생들이 정서적 안정을 느끼면서 일상생활에 필요한 기능을 자연스럽게 습득할 수 있도록 가정처럼 안락한 환경을 제공하고자 냉·난방 시설을 잘 갖추고 있고, 교실 내 화장실과 세면실 등을 설비해두고 있습니다. 그리고 다양한 교재교구 및 놀이기구도 함께 준비하여 학생들의 관심과 학습 동기를 유발할 수 있도록 최선의 노력을 다하고 있습니다.

이러한 학교의 지속적인 지원과 종일반 교사들의 헌신으로 인해 종일반 학생들은 학기 초보다 점차 표정이 밝아지고 사회적 적응력이 신장되고 있어, 부모들은 아이들을 마음 편히 학교에 맡기고 생업에 종사할 수 있게 되어 감사하다고 학교평가 란에 적어주시는 분이 많습니다.

- 2011년 2월호 -

자선이 아닌, 일할 수 있는 기회를

우리나라 모든 특수교육 대상자는 '장애인 등에 대한 특수교육법'에 따라 무상교육을 받고 있습니다. 국·공립학교뿐만 아니라 사립학교의 경우도 유치원 과정에서 고등부까지 수업료가 없으며, 운영비의 대부분과 급식비와 통학비도 국가의 지원을 받고 있습니다. 또한 장애인으로 등록하게 되면 장애인 복지법에 따른 여러 가지 혜택을 누리게 됩니다. 복지국가를 지향하는 정부 차원에서 사회적인 약자에 해당하는 장애인들에게 이러한 교육·복지적인 지원을 하는 것은 지극히 당연한 일입니다.

하지만 당사자의 입장에서 생각하면 이러한 수혜자의 삶이 기본적인 생활의 안정은 될지 모르지만 인생의 참 행복을 가져다주지 않을 것이라는 생각을 하게 됩니다. 모름지기 모든 사람은 그 나라 국민으로서 자신의 책임과 역할을 다하기 위해서 국민의 기본권을 보장받음과 함께 주어진 의무를 다하는 것이 당연합니다. 그 중에서도 일정한 소득을 얻어 '납세'의 의무를 다하는 것은 소중합니다.

그래서 본교에서는 비록 지적 기능과 사회적응 능력이 열악하지만 지역사회에서 최소한의 도움을 받고 스스로 자립생활을 하도록 하기 위해, 중학교 때부터 학생들에게 직업탐색을 위한 6개 직업교과 수업을 진행하고 있습니다. 고등학교에서는 학교라는 성장의 환경에서 사회로의 생활적응을 위한 '전환교육'에 역점을 두고 있습니다. 특히 매주 금요일에는 전일제 '전환교육의 날'이 있습니다. 인근 장애인 복지관이나 직업훈련센터, 우체국과 도서관 등과 협력하여 다양한 직업현장 실습을 통해 직업인의 삶을 체험하게 하고 있습니다.

올해 그 열매로 지난 2월, 본교 고등부를 졸업한 지훈(가명)이는 제과·제빵 관련 사회적 기업에 취업하여  근로자 최저 임금(월 93만원)을 받고 있습니다. 그 부모님은 지훈이가 첫 출근하기 전날 밤에는 기쁨과 근심으로 인해 한숨도 못 잤으며, 그리고 첫 봉급 명세서를 받아오던 날에는 온 가족이 감격의 눈물을 흘렸다고 합니다. 그 다음날 지훈이의 땀과 눈물이 담긴 그 첫 봉급으로 교사들에게 감사의 마음을 전하기 위해 지훈이가 만든 쿠키를 사서 선물했는데 모든 선생님들은 그 과자를 먹으면서 새삼 특수교육 교사로서의 자부심과 진한 감동을 받았습니다.

사실 지훈이 부모님은 아들의 먼 장래를 위해 이 땅을 떠나 사회복지적인 제도가 잘 정착된 미주 지역으로의 이민을 생각하기도 했었다고 합니다. 돌이켜보면 그동안 자녀의 불투명한 진로 때문에 막막한 심정이었고, 말 못할 고민으로 가슴 답답한 수많은 시간을 보냈었다고 술회하고 있습니다. 이제 이처럼 의젓한 성인이 되어 열심히 일하는 그의 모습에서 새로운 소망을 가지게 되었다고 합니다.

그리고 밀알학교의 또 다른 열매로 작년 말에 밀알 굿윌(Goodwill)스토어가 설립되었습니다. 제품정리와 청소 등의 일을 하는 졸업생, 천연비누와 세제 등 특화된 물품을 생산, 가공하는 작업장에서 종사하는 졸업생, 카페와 우체국, 도서관, 청소용역, 기타 서비스업 등에서 성실성과 실력을 인정받고 '모범사원'으로 일하고 있는 졸업생들도 늘어나고 있습니다.

물론 아직도 많은 졸업생들은 장애인 주간보호센터 등에서 보호와 지원을 받으며 생활하고 있습니다. 이들도 보다 체계적인 교육과 훈련을 통해 점진적인 성장과 발전을 가져올 수 있지만 우리 사회의 장애인에 대한 일반적인 인식은 보호와 구제의 대상으로 여기고, 도움을 주어야 한다고 생각합니다.

흔히 '장애인복지의 꽃은 직업재활이다.' 라고 말합니다. 그러므로 모든 장애인에게는 자신의 재능과 특성에 따라 일할 수 있는 다양한 기회를 주어야 합니다. 이를 위해서 재활훈련과 직업교육이 보다 다양하게 지속적으로 이루어질 필요가 있습니다.

이제 '자선이 아닌 일할 수 있는 기회'를 통해, 앞으로 모든 장애인들이 사회의 한 구성원으로 자긍심을 가지고 당당하게 살아가는 납세자가 되길 소망합니다.

- 2011년 3월호 -

밀알학교 행복 이야기

40

나누고 섬기는
삶의 기쁨과 감사

● 네팔 밀알학교 교육지원 활동

본교에서는 개교 이후, 매년 방학을 이용하여 교직원 해외연수 프로그램을 진행하고 있습니다. 개교 당시 국내에서는 자폐성장애 학생 교육기관이나 직업재활관련 복지프로그램이 거의 없는 상황이었습니다. 그래서 홍정길 목사님의 배려로 남서울은혜교회의

지원을 받아, 교직원들이 특수교육 및 장애인복지가 잘 발달된 선진국의 특수교육기관 및 직업재활센터를 방문하여 견문을 넓힐 수 있었습니다.

초창기에는 주로 미국과 유럽을 중심으로 연수를 다녀왔습니다. 대상자는 본교 교육경력 장기근속자 및 근무평가 우수자 중에서 6~8명 정도 선발하였으며, 2005년 이후에는 행정실 직원들도 함께 해외연수에 동참하게 되었습니다. 이러한 해외연수는 교직원들에게 밀알공동체에 소속감과 자긍심을 갖게 하는 큰 촉매제가 되었습니다. 또한 선진국 해외연수는 다양한 문화체험을 통해 타문화 이해의 폭을 넓히고, 새로운 도전에 대한 열정을 갖게 하였습니다.

그 후 2006년부터는 일본 오이타(大分)대학 부속 특별지원학교와의 자매결연을 계기로 일본 특수교육현장 견학 및 수업참여를 통한 실질적인 체험연수를 실시하게 되었습니다. 일본은 미국이나 유럽과 달리 동양문화권의 친숙함과 함께 특수교육 현장의 임상분야가 체계적으로 잘 이루어지고 있어, 이를 본교 교육활동에 곧바로 적용함으로써 발달장애 학생의 학업 성과와 부적응행동 개선에 많은 성과를 가져왔습니다.

2007년부터는 해외 연수 프로그램과 함께 학교 교육 지원 연수를 시작하게 되었습니다. 네팔 밀알학교 지원 연수는 사랑과 봉사, 나눔과 섬김의 기독교 정신을 실천하는 것이므로 더욱 큰 의미가 있다고 봅니다. 특수교육 전공자로서 네팔 밀알학교를 설립한 김정근 선교사님의 요청에 의해 2005년부터 격년으로 실시되고 있는 네팔 밀알학교 교육활동 지원 연수의 경우, 항공료 등 연수 경비의 일부만 학교에서 지원하고, 나머지는 본인이 부담하는 자비량 연수이지만 자원하는 교직원의 수가 점차 늘어나고 있습니다.

2009년에는 4월부터 연수 팀을 미리 구성하여 현지 학교에서 요청한 교육과정을 한국어와 영어로 제작하였습니다. 수학, 사회, 과학, 예능 (음악, 미술), 체육 과목의 연간 진도표를 구성하였습니다. 현지 교사연수와 수업시연을 위해 기초 회화와 교육활동 관련 네팔어 공부도 하였습니다. 또한 학습 자료를 제작하고, 의류를 비롯한 각종 후원물품을 기증받기도 하고, 특수교육관련 원서 등을 모아 배편으로 미리 발송하였습니다.

2009년 8월 여름방학에 네팔에 도착하여 먼저 학교시설을 둘러보고, 교사와 학생들을 만났을 때 우리 모두를 반겨주었습니다. 매일 아침 예배를 시작으로 오전에는 현지교사 연수와 공동수업 진행, 오후에는 음악 줄넘기, 태권도, 레크리에이션 등 놀이활동을 하면서 언어가 달라도 모두들 서로 섬기는 가운데 마음으로 하나가 되었습니다.

일주일간의 네팔 밀알학교 지원 활동 마지막 날에는 운동회를 열었는데 다양한 프로그램에 학생들이 매우 즐거워하였으며, 현지 교사들도 처음해보는 체육활동이라 더욱 신나게 뛰었습니다. 낙후된 교육시설과 장애학생에 대한 기본적인 교육과정도 수립되어 있지 않은 이들에게 조그만 사랑과 정성을 나누었는데 작별할 때 그들은 눈물로 감사를 전해주었습니다.

네팔 연수를 통해 그동안 밀알학교에 베풀어주신 하나님의 은혜를 새삼 깊이 깨닫게 되었고, 우리가 배우고 익힌 것을 나눌 수 있게 되었다는 사실에 더 큰 감사와 기쁨이 있었습니다.

앞으로 기회가 되면 네팔뿐만 아니라 태국, 베트남, 중국 등 특수교육 지원과 선교가 필요한 제 3세계 지역에 본교 교직원들이 힘을 모아 주님의 사랑을 나눌 수 있기를 꿈꾸고 있습니다.

- 2011년 4월호 -

이젠 나도 몸짱이 되고 싶어요

비만 예방 및 건강교실 프로그램의 열매

겨울방학을 하루 앞둔 지난해 12월 22일, 아침 7시40분. 본관 지하주차장에 승용차가 빠르게 들어왔습니다. 누군가 했더니 기혁이 어머님이셨습니다. 일렬주차를 해둔 채 기혁이의 손을 잡고 급히 계단으로 뛰어 올라 가셨습니다. '비만건강교실 프로그램'에 늦지 않으려고 노력하시는 어머님의 열정이 그날따라 비장해 보였습니다. 새벽밥까지 먹여서 자녀를 학교에 데려오시는 목적은 고도 비만을 보이고 있는 기혁이의 체중과 체지방을 줄여 건강을 되찾고, 부적응행동을 개선하기 위함입니다.

발달장애 학생들 중에는 중등도 또는 고도비만으로 인해 고혈압이나 당뇨 등 건강상 어려움을 겪고 있는 경우가 많습니다. 또한 일상생활이나 교육활동에서 쉽게 짜증을 내거나 심한 고집을 부리기도 합니다. 이러한 비만 증상은 체질적으로 쉽게 오는 학생도 있지만 대부분은 편식이나 과식 등 잘못된 식습관과 운동부족으로 인해 발생되는 것입니다. 더구나 요즘에는 중·고등학교 학생들뿐만 아니라 초등학교 저학년에서도 이러한 비만 증상을 보이고 있는 학생들이 점차 늘어나고 있습니다.

그래서 본교에서는 지난 5년 전부터 생활체육부 주관으로 학생들의 비만 예방 및 건강관리를 위해 다양한 프로그램을 운영해오고 있습니다. 우선 모든 학생들을 대상으로 정기적인 체중 및 체지방 측정을 통해 비만 정도를 분석하고, 경도, 중등도, 고도 비만으로 구분하여 담임교사 및 부모들에게 비만관리 지침을 제시합니다. 그 지침에 따라 교사는 해당 학생에게 점심이나 간식시간에 적정량의 음식물을 섭취하게 하고, 특히 피자, 치킨, 아이스크림, 콜라 등 고열량 음식은 엄격히 제한합니다. 또한 교내외 활동에서 운동량을 늘이기 위해 엘리베이터 사용을 자제하고 계단 및 경사로를 이용하며, 등산, 달리기, 인라인스케이트 등 체육활동에 적극 참여하게 합니다. 비만 예방 관리는 가정과의 연계지도가 중요하므로 부모상담을 통해 가정에서 할 수 있는 운동 방법과 영양지도 방안을 구체적으로 제시합니다.

부모들 중에는 가정에서 자녀의 식사량을 조절하거나 지속적으로 운동하는 것을 힘들어하는 경우도 있습니다. 이러한 부모들을 위해 특별 프로그램으로 '비만 건강교실'을 운영하게 되었습니다. 이 프로그램은 수업 시작 시간(오전 9시) 이전인 오전 7시40분부터 1시간 정도 이루어지는 것이라, 이른바 '0교시 비만클리닉' 인 셈입니다.

이 프로그램은 가정통신문을 통해 모든 부모님들에게 알린 후 참여 희망을 받아 프로그램을 실시하는데, 보호자가 함께 동반하는 것을 원칙으로 하고 있습니다. 대부분 어머니들이 함께 참여하는데 정말 열심히 노력하십니다. 학기별로 8주 동안 매일 아침에 학생을 억지로 깨워 차에 태운 뒤, 차 안에서 간편식을 먹이면서 등교를 하시는 경우도 있습니다. 작년에는 1학기에 15명, 2학기에 20명의 학생이 참여하였으며 체중 체크 및 체지방을 분석해본 결과, 참여 학생들 대부분이 체중이 줄었고, 특히 체지방이 많이 감소

하여 건강지수가 매우 좋아진 학생도 있었습니다.

　고등학교 3학년인 기혁이는 2년 전에 체중이 무려 100kg을 넘자, 점차 움직이기 싫어하고 음식물에 집착이 심하여 집에서 어머니가 통제할 수 없는 지경에 이르렀다고 합니다. 그래서 정말 용기를 내어 '비만 건강교실'에 등록하였고, 2년 동안 꾸준히 선생님의 지도에 따라 운동과 식사조절을 한 결과 요즘에는 85kg정도의 체중을 유지하고 일상생활에서도 많이 안정이 되었다고 합니다. 아울러 어머니도 기혁이와 함께 운동을 계속하면서 체력이 향상되었고, 삶에 자신감을 갖게 되었다고 합니다. 그래서 다른 어머니들께도 건강교실을 추천하고 싶다고 하셨습니다.

― 2011년 5월호 ―

밀알학교 행복 이야기

아름다운 학교, 우리 손으로 가꾸어요

앨범이야기 12

　밀알학교 건물은 참 독특합니다. 외관상 학교 건물이라기보다는 '문화예술센터'와 같은 느낌을 받습니다. 그러한 인상 때문인지 개교 이듬해인 1998년, 〈한국건축가협회〉에서 실시한 '한국의 아름다운 10대 건축물'에 선정되어 건축 대상을 받은 바 있습니다. 국내에서 유명한 건축설계사이신 유 걸 선생님의 작품으로, 건물은 네 가지 철학과 함께 자폐범주성 장애 학생의 특성을 고려하여 지었습니다.

첫째, 밝음입니다. 일반적으로 특수학교는 어두운 이미지를 가지고 있는데 본교는 '콘크리트 노출공법'을 통해 기둥과 벽면이 모두 밝게 드러나게 하고, 아트리움의 천장도 특수유리를 설치하여 햇볕이 통과할 수 있도록 하였습니다.

둘째, 열림입니다. 자폐범주성 장애 학생들은 말 그대로 '마음이 닫혀 있는 아이들'입니다. 그래서 열린 공간을 많이 만들었고, 서로의 소통을 위해 교실과 복도 사이에 유리창을 많이 설치하였습니다. 특히 상징적인 의미로 교장실이나 교무실, 행정실, 교사실도 모두 밖에서 안을 들여다볼 수 있도록 설계하였습니다.

셋째, 상승(上昇)입니다. 건물의 중앙에 계단이 있고, 측면에는 경사로가 있는데 이것을 따라 올라가면 모두 4층까지 자연스럽게 올라갈 수 있도록 되어 있습니다. 천장도 콘크리트 슬라브가 아니라 한옥의 서까래 지붕처럼 중앙을 향해 높이 솟아 있습니다. 이것은 여기서 공부하는 학생들의 학업이 꾸준히 향상되고, 일상생활이나 행동이 점차 발달하기를 소망하는 교사와 부모들의 바람이 담겨져 있습니다. 또한 '모든 것은 하나님의 나라를 향해 나아가야 한다.'는 기독교 학교의 목표이기도 합니다.

넷째, 확산(擴散)입니다. 본관 중앙계단에서 동쪽으로 쳐다보면 20미터 높이 정도의 둥근 기둥 4개가 건물 안에서부터 연결되어 밖으로 뻗어나가 있음을 볼 수 있습니다. 이 기둥을 처음 보는 사람들은 '학교 건물을 지을 때 예산이 부족하여 설계대로 다 짓지 못한 것'으로 오해하는 경우도 있습니다. 기둥이 밖으로 뻗어나 있는 것은 학교 안에서 이루어진 교육활동이 이곳에서 멈추어져서는 안 되고 지역사회로 뻗어나가 발달장애인들이 사회의 일원으로 소속되고, 비장애인들과 함께 어울리고 더불어 사는 아름다운 세상을 살아가도록 소원하는 의미를 담고 있습니다.

본교 건물은 '콘크리트 노출 공법'으로 시공되어 외각(外殼) 기둥이나 벽면, 그리고 교실 천장 등은 모두 페인트칠이나 벽지를 바르지 않고 콘크리트 그대로 드러나 있습니다. 이러한 공법의 건물을 처음 접하는 사람들은 다소 차갑고 생소한 느낌을 받을 수 있습니다.

그러나 일반적인 학교 건물에 비해 견고하고 '친환경적'이라 할 수 있습니다. 왜냐하면 일반 학교 건물의 벽과 천장은 2~3년 정도 지나면 페인트가 벗겨지고 벽지의 색이 바래서 새로 칠을 하거나 벽지를 발라야 합니다. 그러나 이 공법으로 지어진 건물은 10년이 지나도 별로 변색되지 않으며, 오히려 오래 될수록 건물의 분위기가 살아납니다. 실제로 본교 건물은 지어진 지 15년이 되었는데 지금도 개교 초기와 별다른 차이가 없습니다. 오히려 유럽풍 건축물의 중후함이 더해지고 있어 각종 CF 및 영화 촬영 장소로도 각광을 받고 있습니다.

이처럼 아름다운 학교를 더욱 잘 관리하고 가꾸기 위하여 본교 학생과 교사들은 각 교실뿐만 아니라 학급별로 배정된 구역을 주 1회 이상 청소하고 있습니다. 또한 분기별로 '학교 가꾸기 날' 행사를 통해 전교직원과 자원봉사자가 함께 참여하는 대청소를 하고 있습니다. 이러한 활동을 통해 학생들이 학교를 아끼고 사랑하는 마음을 갖고, 청결의 소중함을 몸으로 익히고 있습니다.

이제 개교 15년째를 맞이한 밀알학교는 건물의 아름다움과 함께 이곳에서 생활하는 모든 학생들과 교직원, 자원봉사자, 학부모, 그리고 남서울은혜교회 성도들이 하나님의 돌보심과 은혜 안에서 더욱 행복한 공동체를 이루어 나가길 소망합니다.

- 2011년 6월호 -

함께 뛰는 마라톤

지난 6월 8일(수) 오후, 제 6회 '함께 뛰는 마라톤' 대회에 학생들과 부모님, 교사들을 격려하기 위해 참여하였습니다. 서울특별시 강남교육지원청 특수교육지원센터에서 주관한 이번 대회는 본교를 비롯한 특수학교 및 일반학교 특수학급 학생들과 형제, 학부모, 그리고 교사들이 함께 참여하여, 2.5km, 5km로 나누어 양재천을 달리는 코스로 진행되었습니다. 본교에서는 초등학교, 중학교, 고등학교에서 15명이 참여하였는데 월등한(?) 실력으로 각 부문별 금, 은, 동메달을 거의 휩쓸어 기쁨을 주었습니다.

2005년 1월에 개봉된 영화 '말아톤'은 자폐범주성 장애를 가진 초원(조승우 분)이가 마라톤을 통해 사회와 소통해가는 과정을 생동감 있게 잘 묘사하여 500만 관객 동원과 함께 그해 최우수 작품상을 수상하였습니다. 이 영화의 실제 주인공 배형진 씨는 2001년 춘천 마라톤 대회에서 서브 스리[2]를 기록하였습니다. 그리고 2002년에는 철인3종 경기[3]에 출전하여 약 15시간의 기록으로 완주하는 실력을 보였습니다.

한 편의 영화가 이렇게 좋은 반응을 얻자, 많은 장애인 부모님들과 관계자들이 정윤철 감독에게 '말아톤Ⅱ'를 만들어 줄 것을 간곡히 부탁하였다고 합니다. 이에 대해 정 감독은 주변 사람들의 요청을 거절하면서 "이 영화를 통해 자폐범주성 장애인의 삶과 가족들의 애환을 세상에 널리 알리는 데는 성공하였습니다. 이제부터는 우리와 함께 살아가고 있는 이들이 지역사회 속에서 자신의 능력과 재능을 마음껏 발휘하여 힘든 역경을 이기고 삶을 더욱 아름답게 가꾸며 스스로 잘 달릴 수 있도록 모두가 페이스메이커[4]가 되어 주어야 합니다." 라고 말했다고 합니다.

지극히 당연한 말입니다. 영화를 통해 한 순간 감동을 받고 장애인을 이해하는 것은 마음만 먹으면 누구나 할 수 있는 일입니다. 그렇지만 실제로 이들이 우리 사회의 한 일원으로 당당히 살아갈 수 있도록 배려하고, 교육과 고용 등에 있어 참여 기회를 주는 것은 생각처럼 쉽지 않은 일입니다. 교육 및 직업재활 현장에서 만나본 많은 장애인 부모님들은 우선 동정이 아닌 진정한 이웃으로 그들을 대해주길 원하고 있습니다. 나아가 이들이 가지고 있는 다양한 가능성과 잠재력을 발휘할 수 있는 참여 기회를 달라고

---

2) 마라톤에서, 풀코스(full course) 42.195km를 3시간 이내에 완주하는 것을 의미한다.
    출처 – 인적자원관리용어사전 | 저자 지은실 | cp명 한국학술정보

3) 한 사람이 하루 동안 수영·사이클·마라톤 세 종목을 잇달아서 하는 경기
    출처 – 학습그림백과 | 천재교육 편집부

4) 중거리 이상의 경주나 자전거 경주 따위에서, 기준이 되는 속도를 만드는 선수
    출처 – DAUM 한국어 사전

호소하고 있습니다. 물론 최근 들어 '장애인들에 대한 특수교육법'과 '장애인 고용촉진법', '장애인 차별금지법' 등을 통해 장애인의 교육적 권리와 사회적인 참여 기회가 점차 확대되고 있지만 아직도 많은 부분에서의 보완과 실질적인 지원을 필요로 하고 있습니다.

이번 마라톤 대회에서 본교 학생들이 좋은 성적을 거둔 것도 기쁜 일이지만 일반학교 학생들이 함께 참여하여 우리 학생과 짝을 이루어 함께 달리면서 '페이스메이커' 역할을 해주었다는 것에 더 큰 의미를 부여하고 싶습니다. 대청중학교 운동장의 출발선에는 학생들과 함께 마라톤 대회에 참여한 부모님들도 많이 있었습니다. 그러나 부모님의 의지와는 달리 양재천 산책길의 반환지점까지 왔을 때 학생에게 뒤처져 힘든 모습으로 걷는 분들이 있었습니다. 학생은 달리다가 엄마가 따라오지 않으니 뒤를 힐끔 힐끔 돌아보면서 속도를 줄이기도 하였습니다. 그 때 지친 엄마를 대신하여 일반학교 짝꿍 학생이 우리학교 학생을 격려하며 함께 달렸고, 나란히 완주하여 공동 1위로 함께 금메달을 받았습니다.

이들의 아름다운 모습 속에서 새로운 꿈과 희망을 보았습니다. 앞으로 이들이 잘 성장하여 우리 사회의 중추적인 역할을 할 때에는 장애를 가진 사람도 소외되지 않고 오늘처럼 함께 달리며 서로 힘이 되어 주고, 삶의 기쁨을 함께 누리는 행복한 사회가 되길 소망합니다.

- 2011년 7월호 -

하나님이 주신 달란트를 키워요

● 방과 후 학교 프로그램

밀알학교는 방학이 없는 학교로 유명합니다. 그 이유는 방학 중이라도 4~5주간 동안 오전 9시 20분부터 오후 12시 40분까지 방과 후 학교(특기적성교육 프로그램)가 열리기 때문입니다. 이러한 방과 후 학교는 학기 중에도 열리고 있습니다. 정규수업이 끝난 후 각 50분씩 두 차례 운영되며, 중·고등학교의 경우 오후 4시 30분까지 진행되기도 합니다. 학기 중 방과 후 학교가 운영되고 있는데 방학 중 교육활동을 운영하는 이유가 있습니다. 40여 일의 긴 방학 동안 학생들이 가정에서만 지내다 보면 생활리듬이 깨어져서 개학 후, 한동안 학교에서 많은 어려움을 겪게 되기 때문입니다. 또한 발달장애 자녀를 가진 부모

들에게 양육의 짐을 잠시나마 내려놓고 생활의 여유를 가질 수 있도록 배려하기 위함이기도 합니다. 방학 중 교육활동은 1998년 개교 이듬해부터 지금까지 계속되고 있습니다.

교육적인 측면에서 보면, 방과 후 교육활동은 학생들이 원하는 질 높은 다양한 교육 프로그램을 제공함으로써 장애 학생의 독특한 소질과 적성을 계발, 신장시키며, 또한 부모로 하여금 과도한 사교육비 부담을 줄이는 데 그 목적이 있습니다. 이러한 프로그램을 원활히 운영하기 위해서는 발달장애 학생의 특성을 잘 이해하고 교육 경험이 있는 훌륭한 방과 후 학교 강사를 초빙하는 것이 매우 중요한 일입니다. 당연히 좋은 강사를 초빙하려면 일정한 수준의 강사비를 보장해주어야 합니다. 그러나 교육청 지원비로는 강사비를 모두 충당할 수 없어 수익자 부담 원칙으로 학생의 수강 과목별 수강료(외부 사설교육기관이나 복지관의 절반 수준)를 책정해두고 있습니다. 다만 기초생활수급자 자녀는 무상으로 교육을 받게 되며, 차상위 계층이나 한 부모 자녀는 수강료를 할인해주기도 합니다.

방과 후 학교 교육 프로그램 운영은 1학기와 여름방학, 2학기, 겨울방학 등 4 분기로 나누어 이루어지며, 프로그램 시작 2주 전에 부모들로부터 학교 홈페이지에서 온라인 수강신청을 받습니다. 사실 2년 전까지는 각 가정으로 수강신청서를 보내어 부모님들이 신청한 과목을 담임교사가 받아 담당교사가 조정하여 왔습니다. 그런데 헬스부나 특수체육부, 인라인 스케이트부, 사물놀이부 등 인기과목의 경우 부모들이 서로 양보하지 않아 조정하는 데 많은 어려움을 겪었습니다. 그 때문에 부득이하게 온라인 수강신청 방법을 적용하게 되었습니다.

각 과정별, 시간마다 몇 개의 과목이 개설되어 있습니다. 초등학교는 전체 13개 프로그램, 중·고등학교는 15개 프로그램이 있으며, 시간별로 일정수준의 신청자가 없으면 그 과목은 폐강을 하게 됩니다. 과목의 신설이나 폐지, 강사 채용, 강사비 및 수강료 책정은 매학기, 또는 학년말에 학부모의 의견을 수렴하고, 학부모회 임원으로 구성된 '방과 후 학교 소위원회'

에서 협의한 후 학교운영위원회의 심의를 거쳐 결정하고 있습니다.

특히 헬스부나 특수체육부의 경우, 담당 강사가 학생들의 특성을 잘 파악하여 체계적으로 지도하고 있어 부모님들의 교육적 만족도가 높습니다. 그런 까닭에 수강생이 많이 몰리는 과목은 수강인원에 따라 강사비를 비율적으로 책정하는 방침을 따릅니다. 본교 방과 후 학교 강사들은 대부분 강사비에 의존하기보다 학생들을 가르치는 보람과 사명감으로 참여하고 있습니다. 적은 강사비에도 불구하고 7~8년 이상 장기간 근무하고 있는 강사도 여러 명 있습니다.

그래서인지 이번 여름 방학동안 서울시내 일반학교 특수학급이나 특수학교에 다니는 초등학교 고학년(4~6학년)과 중학교 학생들이 본교로 전학을 오겠다는 부모 상담을 더 많이 받고 있습니다. 초등학교와 중학교는 학급당 정원이 6명으로 규정되어 있는데 초등학교 고학년은 7명씩, 그리고 중학교는 무려 8명~10명이나 입급되어 있어 더 이상 수용할 수 없는 상황입니다. 그런데도 전입학을 간절히 희망하는 이유 중 하나는 바로 방과 후 학교 프로그램이 다른 학교에 비해 잘 되어 있기 때문이라고 합니다.

이런 평가에 발맞추어 앞으로 방과 후 학교 프로그램을 더욱 잘 운영하기 위해 학교 차원의 특수교육보조원 지원과 외부 보조 인력인 '동행' 대학생 자원봉사자들을 최대한 활용하고 있습니다. 또한 교육활동 중 학생들의 교출(미아 발생)이나 부적응 행동을 최대한 줄이기 위해 강사를 대상으로 정기적인 예방교육을 하고 있습니다. 종강 전 한 주간 동안 학부모 수업참관을 통해 강사들의 교육적인 자질 향상을 꾀하고 있습니다.

비록 발달이 늦은 학생들이지만 학교 정규 수업 이외에 이러한 다양한 방과 후 교육을 통해 하나님이 주신 자신의 달란트를 마음껏 키우고 있습니다. 학생들이 좋아하는 여가 활동에 참여함으로써 삶의 질이 향상될 수 있기 때문에 방과 후 학교 교육활동은 매우 소중합니다.   - 2011년 8월호 -

봉사는 주님이 주신 축복의 통로입니다

여름방학을 마치고 개학한 다음날 첫 화요일, 오후 1시 20분, 학교 본관 4층을 순회하다가 408호실에서 흘러나오는 경쾌한 음악소리에 발걸음을 멈추었습니다. 고등학교 특별(클럽)활동 시간, 음악체조부 학생들이 음악소리에 맞추어 신나게 춤을 추고 있었습니다. 학생들의 동작을 일일이 수정해주며 열심히 뛰어다니는 선생님은 담당선생님이 아니라 낯익은 자원봉사자 선생님이었습니다.

강숙현 선생님!

대학에서 발레를 전공하고, 졸업 후 한국국립발레단의 단원으로 활동할 만큼 실력을 인정받고 있던 선생님은 결혼 후 자녀 출산의 수술 후유증으로 건강이 악화되어 큰 시련을 맞게 되었습니다. 그 고난 중에 친구의 인도로 하나님을 영접하였고, 주님이 주신 자신의 재능을 다른 사람들에게 나누어 주고자 개봉동의 작은 교회에서 찬양봉사와 함께 발레 선교단에 가입하면서 운동을 다시 시작하게 되었고, 그 결과 건강도 회복하게 되었습니다.

하나님이 깨닫게 해주신 그 새로운 사명을 폭넓게 실천하고자 고심하던 중, 1998년 본교와 인연을 맺고 발달장애 학생의 무용지도를 시작한 지 올해로 만 14년째입니다. 매주 1회씩, 꾸준히 봉사하시는 선생님의 모습을 볼 때 감사함의 마음을 넘어 고개가 저절로 숙여집니다. 무용(발레)학원을 운영하면서 그 바쁜 중에도 한 주도 빠짐없이 학교를 찾아오셨습니다. 정말 급한 일이 있을 때에는 제자들을 보내 약속한 그 시간을 보충해주어 본교 교사들에게 맡은 자의 사명과 책무성이 어떤 것인지 몸소 보여주셨습니다.

작년에 23년간 운영해오시던 학원을 정리하고, 지금은 개인레슨을 하면서 섬기는 교회의 봉사 활동에 더 많은 시간을 할애하고 있지만 매주 화요일 본교 클럽활동 시간에는 언제나 밝은 미소로 찾아오십니다. 올해 나이 62세, 회갑을 지난 나이라 이제 몸을 사릴 때도 되었는데 여전히 수업을 참관해보면 학생들과 함께 뛰면서 더욱 열정적으로 가르치십니다.

프로 춤꾼의 근성이 대충 하는 것을 허용하지 않습니다. "요즘 젊은 사람들이 자신의 전공을 쉽게 바꾸거나, 특히 발레를 배우다가 힘들다고 그만두는 학생을 보면 안타깝다."고 합니다. 그리고 자신의 제자들에게 항상 당부하기를 "발레는 단순히 동작과 기술만을 익혀 남들에게 보여주는 것이 아니라 춤을 추기 전에 반드시 가져야 할 마음가짐, 즉 자신의 몸을 아름답게 창조하신 하나님께 감사하는 마음과 그 재능을 잘 갈고 닦아 더 어렵고 힘든 사람들에게 나누어 주려는 의지와 참된 용기가 필요하다"고 이야기 하고 있습니다.

본교와의 인연을 소중히 여기고 있는 강숙현 선생님은 "봉사는 이제 단순한 하나의 활동이 아니라 나의 삶의 일부분이 되었다"며, "앞으로 건강이 허락하는 한 본교 봉사활동을 계속하겠다."고 하셨습니다. 왜냐하면 이러한 봉사 활동이 주님의 사랑을 전하는 가장 귀한 일이며, 바로 인생을 아름답게 사는 '축복의 통로'라고 믿기 때문이라고 합니다.

지금은 젊은 시절의 그 고난을 오히려 감사와 축복으로 여기며, 오늘도 주님의 사랑에 감격하여 하루하루를 열심히 살아가면서 자주 묵상하는 말씀은 요한복음 3장 16절이라고 하셨습니다.

하나님이 세상을 이처럼 사랑하사 독생자를 주셨으니 이는 저를 믿는 자마다 멸망치 않고 영생을 얻게 하려 하심이니라 (요한복음 3장 16절)

- 2011년 9월호 -

부모에게 믿음과 감사의 마음을 갖게 한 아이

> "영규와 함께 했던 시간들은 힘겨웠습니다. 그러나 멈출 수 없었던 일들을 묵묵히 해 나갔을 때 저는 인생의 보너스를 받을 수 있었습니다. 그것은 다른 사람을 돌아볼 줄 아는 겸손한 마음과 주어진 환경에 만족하며 감사하는 마음입니다."

올해 2월 본교 고등부를 졸업한 영규 어머니의 말씀입니다. 현재 영규는 하상복지관 주간보호센터에서 생활하고 있습니다.

10년 전, 영규를 처음 만나 반갑다는 인사로 무릎을 굽혀 양손을 내밀었을 때 영규는 저의 손등을 심하게 꼬집었습니다. 이러한 행동은 자폐범주성 장애 아동들에게 흔히 나타나는 '촉각방어반응' 증상으로, 타인의 감정을 잘 받아들이지 못하고 가까이 오는 것에 대해 경계를 하고 보호하려는 본능에서 비롯된 것입니다. 그 일로 인해 저는 더욱 영규에게 관심을 갖고, 영규 부모님과도 친밀하게 지냈습니다.

영규 어머니도 다른 부모님들과 마찬가지로 병원에서 '자폐증'이라는 진단을 처음 받았을 때 그 사실을 쉽게 받아들일 수 없어 당황스러웠고, 원인 모를 분노와 함께 많은 혼란을 겪었습니다. 하지만 영규를 하나님이 맡겨 주신 아이라고 생각하면서 새로운

용기와 소망을 갖게 되었습니다. 잘 양육하기 위해서 우선 엄마가 장애에 대해 공부하기로 다짐하고 병원과 학교의 부모 교육에 꾸준히 참여했습니다. 그 결과, 영규의 발전 가능성을 믿게 되었고, 다양한 교육과 훈련을 지속적으로 할 수 있는 힘을 가질 수 있었습니다.

특히 가족과 함께 운동능력을 향상시키는 것이 가장 중요한 과제라고 여기고, 주변의 낮은 산을 아빠, 누나, 영규, 엄마가 나란히 서서 산책하는 일부터 하였습니다. 물론 때때로 높은 바위를 미끄럼틀인 양 내려가려고 하던 영규를 보며 절망하였습니다. 그러한 시간들을 보내며 학교 다닐 때에는 그룹 활동과 개별 활동을 꾸준히 했습니다. 이제 영규는 등산, 수영, 인라인 스케이트, 자전거, 아이스 스케이트 등을 거의 도움 없이 즐기고 있으며, 운동능력 향상과 함께 생활기술 능력도 많이 향상되었습니다.

영규의 이러한 변화는 영규 아빠의 몫이 큽니다. 영규 아빠는 방관자에서 적극적인 교육 동반자가 되었습니다. 가정에서도 좋은 아빠의 모습을 보여주었지만 특히 지난 5년간 매주 토요일, 본교 자원봉사자로 참여하여 학생들의 등산 활동을 도와주시고, 학교 홍보와 후원활동도 지속적으로 하십니다. 영규 아빠의 이러한 모습은 다른 반 아빠들도 운동회와 학예회 등 학교 교육활동에 관심을 가지고 적극 참여하는 계기를 만들어 주었습니다.

누나 또한 장애를 가진 동생 때문에 남몰래 고민하고 힘들어했던 무거운 굴레를 벗고, 고등학교 때부터 방학 중에 '방과 후' 자원봉사자로 참여하여, 대학생이 된 지금까지도 시간이 날 때면 본교에 와서 환한 미소로 학생들을 친동생처럼 잘 돌보아주고 있습니다.

영규 어머니는 손재주가 많아서 '꿈이 있는 가게' 바자회에 작은 인형을 비롯하여 다양한 수제품을 만들어 후원해주셨습니다. 요즘도 졸업생 어머님들과 함께 학교 별관 쉼터에 나오셔서 '수공예 공방' 활동을 하면서 다른 어머님들에게 도전과 꿈을 심어주고 있습니다.

올해 성년이 된 영규는 지금도 엄마와 함께 하루 5분 내지 10분 동안 한 단어라도 소리 내어 말하는 연습을 하고 있습니다. 그리고 라면과 냉동피자 스스로 요리하기와 세탁하기, 쇼핑 후 짐 나르기, 현관문 열고 닫기, 간단한 심부름 등 집안의 살림꾼이 되고 있습니다.

영규의 이러한 모습은 발전의 속도는 느리지만 교육의 일관성, 기다릴 줄 아는 인내심, 상황에 변하지 않는 꾸준함, 선생님들에 대한 신뢰를 바탕으로 할 수 있는 일들을 찾아서 적절히 유지시켜 주었던 어머님의 확고한 양육 방침이 있었기 때문에 가능한 일이라 여겨집니다. 앞으로 영규는 어머니의 믿음과 노력으로 계속 발전할 것이며, 할 수 있는 일들이 더 많이 늘어날 것이라 확신합니다.

영규 어머니는 오늘도 감사의 고백을 합니다. 무엇보다도 평생 뒤돌아 볼 줄 모르는 사람으로 살았을 엄마를 '뒤돌아 볼 줄 아는 사람'으로 바꾸어 놓아 고맙다고.

"영규야, 고마워."
"하나님, 감사합니다."

- 2011년 10월호 -

장로님, 장로님, 우리 장로님

대모산 파란 하늘 푸른 소나무
하나님이 만드신 사랑의 샘터
일어서라 뛰어가자 하늘을 향해
아~아 늠름하다 밀알들이여
배우고 사랑하는 밀알학교

이 노래 가사는 밀알학교 교가의 1절 가사입니다. 교가를 부를 때마다 생각나는 분이 있습니다. 바로 이 교가를 작사하신 임만호 장로님입니다. 임 장로님은 현재 크리스천서적(출판사) 대표이시고 시인으로 활동 중이며, 남서울은혜교회 원로 장로입니다.

장로님이 밀알학교와 인연을 맺게 된 것은 16년 전 남서울은혜교회가 밀알복지재단을 통해 밀알학교 설립을 시작할 때부터입니다. 학교설립 준비위원과 건축위원으로도 참여하여 많은 수고를 하셨으며, 개교 후에도 학교운영위원회 지역위원을 맡아 학교가 장기비전을 세우고 발전하는 데 크게 기여하셨습니다.

특히 장로님은 장애 자녀를 가진 부모님과 그 가족들에 대한 남다른 관심과 사랑으로 남서울은혜교회 밀알부(발달장애인 주일학교) 학생들의 예배실에도 자주 들르셔서 기도를 해주시기도 합니다. 그러한 장로님의 열정과 헌신에 힘입어 교회 장로님들을 비롯한 중직자들이 밀알부 학생들의 중보기도 후원자로 자청하여 1:1 결연을 맺어 지금까지 그 학생과 가족들을 위해 중보 기도하고 있습니다. 임 장로님은 '한호인' 이란 학생의 평생 기도후원자를 맡게 되었는데 호인이의 생일에 집으로 카드와 케익을 보내주어 가족들에게 기쁨과 감동을 선사하기도 하였답니다.

이러한 장로님의 간절한 기도와 정성 덕분에 부모님은 더 큰 힘을 얻게 되었고, 호인이를 더욱 소중히 여기게 되었습니다. 또한 어머님은 그 이듬해 학교의 부모회 회장을 맡아 다른 학부모들을 섬기는 일에 최선을 다하셨고, 밀알부모기도 모임을 열어 복음을 전하는 일을 계속하고 있습니다. 호인이도 초등학교 때의 심한 부적응행동이 많이 개선되었고, 올해 2월 고등학교를 졸업하고 현재는 말아톤복지관 주간보호센터에 잘 다니고 있습니다.

임 장로님은 지금도 입학식이나 졸업식, 학예회 등 학교의 주요 행사 때에 자주 참석하시어 교직원들과 학부모들을 격려해주시고, 만나는 학생들마다 인자한 미소로 머리를 쓰다듬어 주십니다. 특히 졸업식 때는 꼭 오셔서 고등학교와 전공과를 졸업하고 사회로 진출하는 학생들을 위해 안수기도를 해주고 있습니다. 이러한 안수기도 순서는 밀알 부모기도회의 요청으로 6년 전부터 졸업식에서 하고 있습니다. 남서울은혜교회 목회자들과 장로님들도 함께 오셔서 졸업생들을 축하하며, 학교 졸업 후에도 주님의 자녀로서 복된 삶을 살도록 학생들의 머리에 손을 얹고 간절한 마음으로 기도해주는 모습은 참으로 아름답습니다.

정말 한 분 장로님의 이러한 헌신과 기도 덕분에 밀알학교에 속한 많은 지체들이 하나님의 사랑을 받으며 더 큰 기쁨과 행복을 누리고 있습니다.

임장로님!
감사합니다.
더욱 건강하세요.
사랑합니다.

― 2011년 11월호 ―

밀알학교 행복 이야기

전교생이
모두 주인공입니다

행복이야기 18

지난 11월 10(목) 오후, 밀알 미술관에서는 교직원과 학부모, 남서울은혜교회 홍정길 목사님이 참석한 가운데 학생 작품 전시회 오픈식이 성대하게 열렸습니다. 그리고 11월 11일(금) 오전 10시, 본교 체육관에서는 2년마다 열리는 밀알 학예회가 열렸습니다.

밀알 학예회는 사물놀이팀이 힘찬 북소리로 무대의 막을 열었으며, 유치원, 초등학교 저학년이 무지개 색 우산으로 우산 체조를 했습니다. 초등학교 고학년은 태권무와 기악합주를, 중학교는 학교생활을 소재로 한 뮤지컬을 했습니다. 그리고 고등학교는 기적의

오디션(합창, 마술쇼, 차력쇼, 닮은꼴 찾기, 피아노연주 등)을 주제로 다양한 퍼포먼스를 벌여 큰 박수를 받았습니다.

특히 찬조 공연으로 안양 호소초등학교 학생들로 구성된 리오카 합주단의 오카리나 연주는 율동과 함께 아주 활기찬 무대를 장식하여 분위기를 한층 돋우어 주었습니다. 리오카 합주단 학생들의 어머니들은 자신의 자녀가 발표하는 것보다 밀알학교 학생들의 공연을 보고 더 많은 감동을 받았다고 고백하였습니다. 앞으로 이러한 교류활동을 통해 비장애인 학생들도 더 열심히 노력하여 도전하는 계기가 되길 바란다며 감사의 마음을 전했습니다.

특별순서로 밀알학교 핸드벨부가 연주를 할 때, 관중들이 모두 숨을 죽여 집중하며 음악을 감상하였습니다. 핸드벨과 핸드차임의 소리는 들을 때마다 어른들의 때 묻은 마음을 씻어주고, 더 맑고 깊은 행복감을 느끼게 해주어 참 좋았습니다. 마지막 무대는 방과 후 학교 난타팀이 어머니들과 함께 공연하였는데, 처음에는 긴장된 모습이

역력하였지만 시간이 지날수록 신명난 몸동작을 하면서 곧연의 피날레를 잘 장식하였습니다.

또한 밀알 미술관에서는 학생들의 미술, 공예, 도예, 사진, 원예 등 다양한 작품과 교육 성과물이 1주일 동안 전시되었습니다. 각 과정별 미술 선생님들과 직업담당 선생님이 주축이 되어 학생들의 솜씨와 개성이 나타나도록 갈고 다듬어 완성된 작품은 그야말로 인고의 세월을 거쳐 피어난 한 송이 국화꽃처럼 소박하고 아름다웠습니다. 그래서 관람하는 분들에게 탄성과 감동을 주기에 충분하였습니다. 특별히 학생 작품 외에 학부모들이 취미활동으로 만든 인형과 도자기도 전시되었는데, 장애 자녀를 양육하는 어려움을 아름다운 작품으로 승화시킨 인내의 마음과 정성이 가슴으로 전해져 왔습니다.

이러한 공연과 전시를 기획하면서 담당자에게 부탁한 것은 "밀알학교 학생은 모두가

주인공입니다. 그러므로 비록 장애가 심하여 적극적으로 참여할 수 없는 학생들도 모두 무대에 잠시라도 설 수 있는 기회를 주고, 선생님의 손을 빌어서라도 완성 작품이 나오도록 해야 합니다."라고 부탁하였습니다.

왜냐하면 하나님께서 모든 인간을 사랑하시고 그 형상대로 고귀하게 지으셨기 때문입니다. 이러한 하나님의 은혜와 사랑은 바로 밀알학교의 설립 정신이며, 모든 교육활동에도 반영되고 있기 때문입니다. 그래서 일반학교에서 마음의 상처를 입고 중간에 전입한 부모님들은 본교에 와서 더욱 감사하고 기뻐하고 있습니다. 모두를 소중히 여기는 마음, 그것은 밀알의 사명이며, 행복의 밑거름입니다.

- 2011년 12월호 -

19 행복한 꼬마 화가

'행복한 꼬마 화가'

본교 중학교 1학년 박세준 군의 닉네임입니다. 다섯 살 때, 언어치료실 선생님들이 세준이가 그린 그림을 보고 특별한 재능이 있음을 알려주어 그때부터 그리기를 계속하였습니다. 특별히 동물을 좋아해 어린이 대공원에 자주 갔고, 그때마다 사자 우리 앞에서 떠날 줄 몰랐던 세준이는 집에 돌아와 스케치북을 주니 사자의 수염까지 고스란히 그렸습니다.

'서번트 신드롬(Savant syndrome)'

세준이처럼 자폐범주성 장애나 지적 장애를 갖고 있지만 미술이나 음악, 도예, 서예 등 특정 분야에 대해 천재성을 나타내는 사람들을 일컫는 말입니다.

세준이는 처음에 일반 초등학교에 입학했습니다. 특수학급에서 통합교육을 받았는데 가끔 고집을 부리거나 부적응 행동이 나타나면 담임교사가 적절한 대응을 할 줄 몰라 난감해했고 아이는 점차 학교생활을 힘들어했습니다. 그래서 어머니는 자폐성 아이의 특성을 좀 더 잘 이해할 수 있고, 세준이의 남다른 미술 재능을 키워주기 위해 세준이가 초등학교 4학년 때 본교로 전학을 시켰습니다. 특수학교에 와서 세준이는 많은 현장체험 학습을 다녔고, 그때마다 자신이 본 내용을 그림으로 그리면서 스스로 세상과 소통하는 방법을 익혀나갔습니다.

세준이는 그림을 그리면서 언어와 인지 기능도 향상되었습니다. 자신의 그림을 설명하려면 다양한 방법으로 표현해야 하니까 소통하려고 애쓰는 과정에서 어휘력이 늘었고, 사람들과 눈을 맞추는 것도 좋아졌습니다.

2008년 서울시 강남구청 주최 그림 그리기 대회 은상을 시작으로 2009년 전국 장애우 청소년 미술대전 금상, 2011년 서울 지적장애인 사생대회 대상 등, 각종 미술대회에서 여러 차례 수상을 하였습니다. 2009년 9월에는 제30회 세계아동미술교류전에도 출품해 세계 각국의 전문가들에게 칭찬을 받기도 하였습니다.

그래서 마침 지난해 5월에는 서울 인사동 갤러리 〈포유〉에서 첫 개인 전시회를 가졌으며, 9월에는 서울 강남구 청담동의 갤러리 〈아르케〉의 초청으로 제2회 개인전을 가져 폭넓은 그림 활동을 하는 계기를 마련하였습니다.

사실 어머니 윤혜선 님은 의사로부터 "질병은 치료가 되지만 장애는 평생 안고 살아가야 합니다."라는 설명을 들었을 때 슬픔으로 며칠간 많은 눈물을 흘렸습니다. 그러나 운다고 해결될 일이 아니었기에 곧 자리를 털고 일어나 아이를 바로 이해하고 잘 양육하기 위해 직장을 그만두고 부모교육 강의를 찾아다녔습니다. 1년 과정의 '특수아동교육지도자과정'을 수료하기도 하였습니다. 이러한 열정과 노력에도 불구하고 세준이의 발전은 기대한 것보다 느렸습니다.

"장애 진단을 받고도 몇 년 동안은 벽을 보고 얘기하는 것 같았어요. 정말 서서히 조금씩 좋아졌어요. 그러므로 부모는 아이들을 기다려줘야 합니다. 기다리는 동안 성장합니다. 비장애아들도 마찬가지지요." 그리고 "장애아는 물론 비장애아들도 자신이 좋아하는 것, 잘하는 것이 반드시 있으므로 그것을 할 수 있도록 도와주는 것이 부모의 몫이지요. 흔히 장애 자녀를 둔 부모들이 특정 치료에만 매달리는 경우가 있는데 음악, 미술, 운동 등 다양한 치료 방법을 접해보고 아이가 좋아하는 것을 꾸준히 하는 것이 매우 중요하지요." 라고 어머니는 말씀하십니다.

앞으로 세준이가 베풀면서 더불어 살 줄 아는 아이로 자라길 바라고, 나아가 가정도 이루고 그림도 그리면서 행복하게 살길 바라는 어머니의 바람대로 세준이는 그림을 그릴 때 가장 행복합니다.

세준이와 함께 멋진 그림을 통해 아름답고 행복한 미지의 세계로 여행하고자 하는 분은 아래에 적힌 네이버(NAVER) 블로그로 접속하면 됩니다.

〈 http://blog.naver.com/wands22 〉

- 2012년 1월호 -

밀알학교 행복 이야기

식사 시간은
언제나 즐거워요

● 급식 지도도 자립생활훈련입니다

본교 급식은 맛있기로 소문 나 있습니다. 교직원들뿐만 아니라 자원봉사자들도 점심시간을 기다립니다. 맛있는 식사는 여러 사람들의 노력에 의해 만들어 집니다. 영양교사가 학생들의 특성과 식사습관 등을 고려하여 매달 식단을 짜고, 조리사들은 반찬 하나하나에 많은 신경을 쓰고 있습니다.

전국의 모든 특수학교와 일반학교의 특수교육대상 학생들은 '장애인 등에 대한 특수교육법 시행령'에 따라 무상급식을 받고 있습니다. 더구나 본교는 서울특별시교육청의 추가 예산지원에 따라 친환경 재료를 사용하여 신선하고 맛있는 식사를 학생들에게 제공하고 있는 것입니다.

사실 발달장애 학생에게 있어 식사 시간은 매우 중요합니다. 우선 음식을 골고루 먹도록 지도해야 하는데 이것은 영양의 불균형을 가져오지 않도록 하기 위함입니다. 편식이 심하면 주로 좋아하는 음식을 폭식하게 되고 그것은 비만으로 연결되기 때문입니다. 그렇게 되면

각종 성인병은 물론이고 주의집중력이 약해지며 야외 활동도 싫어하게 됩니다. 특히 편식에 따른 집착 증상과 잦은 짜증은 잘못된 행동과 생활습관으로 이어지며, 결국 사회적응에 실패하는 가장 큰 요인이 됩니다.

그러나 자폐범주성 장애 학생이 대부분인 본교의 경우, 식사시간은 '편식과의 전쟁(?)' 이라고 해도 과언이 아닙니다. 교사들은 학생들에게 다양한 음식을 골고루 먹이기 위해 인내력을 총동원하여 달래거나 좋아하는 반찬을 보여주며 타협도 하고, 때로는 단호하게 권하여 먹이기도 합니다. 이러한 노력에 의해 대부분의 학생들은 집에서 잘 안 먹던 음식을 점차 학교에서 먹게 되고, 습관화되면 집에서도 어려움 없이 먹게 됩니다. 그리고 가끔은 현장체험학습이나 생활훈련 시간에 인근의 식당을 이용하여 학생 스스로 식사 메뉴를 정하고 주문하는 방법과 식사예절에 대해 배우기도 합니다.

4년 전부터는 학교 식당의 소란을 줄이기 위해 중·고등학교와 유치·초등학교 학생들의 식사시간을 분리하여 배식하고 있습니다. 중·고등학교 학생들이 4교시를 마치고 먼저 식사를 하며, 유치원, 초등학교 학생들은 5교시를 마치고 식사를 하게 됩니다. 한편 유치원과 초등학교 3학년까지는 정해진 식탁에 조리사가 밥과 반찬을 놓아두면 담임교사가 학생들 특성에 맞추어 적당한 양의 음식물을 식판에 덜어주고 먹게 합니다. 초등학교 고학년(4-6학년)과 중·고등학생은 배식대 앞으로 가서 식판을 들고 차례대로 배식을 받아 정해진 식탁으로 가서 식사를 하게 됩니다. 그리고 식사를 마치면 잔반을 국그릇에 모두 모으고 퇴식구로 가서 잔반 처리를 하도록 지도합니다. 이러한 훈련을 지속적으로 하는 이유는 앞으로 졸업 후 지역사회에서 자립생활을 하는 데 중요한 기초가 되기 때문입니다.

대부분의 학생들은 식사시간을 매우 기다립니다. 특히 메뉴에도 깊은 관심을 보입니다. 식당 입구에 전시된 '오늘의 견본 식판'을 보고 나서 자신이 좋아하는 음식이 나오면 얼굴이 밝아지고, 싫어하는 반찬이 있으면 고개를 돌리거나 때로는 식당에 들어오지 않으

려고 떼를 쓰기도 합니다.

  교사들은 이러한 학생들을 식당으로 데리고 들어가고 또 식사를 잘 하도록 도와주다 보니 대부분 식사를 제때 하지 못하게 됩니다. 오전 수업만 있는 초등학교 교사들은 학생들을 하교시킨 후에 먹으며, 오후 수업이 있는 중·고등학교 교사들은 자원봉사자와 교대로 먹거나 학생들과 함께 먹을 때는 그들의 식사지도를 하면서 틈틈이 재빨리 먹어야 하므로 위장병으로 고생하는 교사들도 많이 있습니다.

  하지만 이러한 발달장애 학생들도 교사들의 꾸준한 생활지도와 노력에 힘입어 초등학교 때의 불안정한 모습들이 중학교, 고등학교 학생이 되면서 점차 의젓해집니다. 행동의 안정과 질서를 지키는 모범생으로 변화, 발전되기 때문에 교사로서 가르치는 보람과 기쁨이 있습니다. '교육의 가능성'을 믿고 매일 실천해가면 하나님께서는 교사와 부모님의 그 믿음대로 학생의 달란트만큼 성과를 보여주십니다. 그 소망으로 오늘도 우리는 행복한 날을 맞이하고 있습니다.

- 2012년 2월호 -

21 달리는 생활교실, 신나는 학교버스

발달장애학생을 교육하는 모든 특수학교에는 학교버스가 있습니다. 본교에도 4대의 통학버스가 운행되고 있는데, 학생들이 등하교를 하거나 현장체험학습, 소풍, 캠프 등 야외 활동을 할 때 주로 사용됩니다.

매일 아침 교직원들이 회의실에 모여 경건의 시간을 가질 때, 기도 담당자가 가장 자주 간구하는 것 중 하나는 통학버스가 안전하게 학교에 잘 도착하는 내용입니다. 그만큼 등교 길에 학교 버스 안에서 지내는 시간이 교육활동의 첫 시작이고, 다른 교육활동에도

많은 영향을 주기 때문에 매우 중요하게 생각하고 있는 것입니다.

그런 의미에서 학교버스는 단순히 학생들을 목적지까지 이동시키는 교통수단의 역할만 하는 것이 아니라 '달리는 생활교실'의 성격을 갖고 있습니다. 운전하는 기사와 학생들의 승하차 및 버스 안의 안전과 질서를 유지하는 보조원들도 모두 학생들을 지도하는 역할을 하고 있기에, '선생님'으로 호칭하고 있습니다.

학교 버스의 운행 노선과 학생들의 승하차 지점은 서울특별시 교육청에서 지정한 학구(지역)를 중심으로 학생들의 주소지 약도를 보고 전체 통학시간과 안전을 고려하여 결정합니다. 현재 본교는 강남구가 중심 학군으로 지정되어 있지만 입학 희망 학생 수가 많아 서초구는 양재역까지, 송파구는 잠실역까지 학교 버스가 운행되고 있습니다. 특히 학생들의 거주지가 다세대 주택이나 좁은 골목길이 있는 경우 45인승 대형버스가 들어갈 수 없어 큰 대로변까지 학부모가 학생들을 승차지점까지 데려오고 또 마중을 나와야 하는 불편함이 있습니다.

여러 명의 학생이 통학버스를 이용하고 있어 학생 개인별로 정해진 승하차 지점에 5분 전에 미리 대기하는 것을 원칙으로 하고 있습니다. 왜냐하면 한 학생이 1~2분 늦어지면 다음 승차 지점의 학생이 계속 기다려야 하며, 학교 도착시간인 8시 50분을 넘기면 수업에도 지장을 주기 때문입니다. 물론 부득이한 사정으로 조금 늦는 경우 미리 보조원에게 연락을 하면 잠시 기다려 주기도 하지만, 등하교 지도는 학생의 올바른 생활습관을 위해 부모님의 지속적인 협력이 필요한 사항입니다.

어떤 부모님들은 학교버스를 이용하지 않고 개인 승용차로 학생을 등·하교시키기도 합니다. 발달장애학생들은 자신에게 익숙한 환경을 고집하는 경우가 많아 편하게 승용차를 이용하는 경우 다른 교육활동에서 어려움을 겪기도 합니다. 예를 들면 지하철이나 시내버스를 이용하여 현장체험학습을 실시할 때 승용차를 이용하는 학생은 꼭 자리에 앉아 가려고, 빈자리가 없으면 안절부절못하며 때로는 좌석에 앉아있는 사람들을 밀쳐내는 상황이 벌어지기도 합니다.

  학교버스는 달리는 생활훈련 공간이면서 가장 우선시되는 것은 교통안전입니다. 그래서 분기별로 버스 기사와 보조원에 대해 정기적인 안전교육을 실시하며, 실제로 정속 운행과 학생들이 버스에 타면 좌석에 모두 앉히고 안전벨트를 꼭 매도록 지도합니다. 더불어 학생의 부적응 행동에 대한 대처방안도 강구하고 있습니다. 운전하는 기사 선생님들은 학생들이 학교버스 안에서 즐거워할 수 있도록 신나는 동요나 어린이 복음 성가 등을 들려주며 문제행동이 생기지 않도록 예방하는 노력을 계속하고 있습니다.

  이렇게 하여 학교버스에서의 기쁜 추억을 가진 학생들은 부모와 함께 등교하더라도 어떤 때는 학교 버스에 한 번 올라 자리에 앉았다가 교실로 들어가기도 합니다.

  정말 학생들이 즐겁고 행복한 생활공간, 학교버스는 오늘도 신나게 달립니다.

- 2012년 3월호 -

밀알학교 행복 이야기

부모가 행복해야 자녀도 행복합니다

● 대호를 멋쟁이로 기른 엄마의 가슴앓이

행복이야기 22

올해 26세인 대호는 6년 전에 밀알학교 고등부를 졸업하고 현재 성분도복지관 보호작업장에서 일하고 있습니다. 본교에 재학할 당시 자폐범주성 장애인의 주된 특성인 집착과 자해 행동 등으로 인해 담임교사들이 힘들어하는 학생 중 한 명이었습니다.

특히 중학교 시절에는 복사하는 행동에 집착하여 등교하면 바로 복사기가 있는 교무실로 달려갑니다. 심지어 현장체험학습이나 전환(진로직업)교육의 날에 야외활동이나 작업에는 관심이 없고 오직 사무실의 복사기를 찾아다닐 정도였습니다. 그도 자신이 좋아하는 그림

책 한두 장 복사가 아닙니다. 어떤 때는 연속으로 20장, 50장, 그냥 두면 100장 이상 계속 복사되어 나오는 종이를 보며 즐거워했습니다. 그래서 대호를 데리고 다니는 교사들은 늘 긴장의 연속이었습니다.

어머니는 이러한 대호의 여러 가지 부적응행동도 언젠가는 변화될 것이라고 믿고 인내하며, 올바른 행동과 생활습관 교육을 계속해 나갔습니다. 대호가 좋아하고 가고 싶어 하는 곳들을 찾아 다양한 삶의 현장 체험을 시키기도 하고, 때로는 꼭 필요한 생활습관을 몸으로 익히기 위해 불편을 감수했습니다.

그 중에서도 대호의 생활자립을 위해 어머니는 대호와 함께 어디를 갈 때 철저하게 버스와 전철 등 대중교통수단을 이용합니다. 물론 아주 급할 때는 택시를 타기도 합니다. 개인 사업을 하는 아빠의 좋은 승용차가 있지만 특별한 가족 나들이가 아니면 타지 않습니다. 그 이유는 대호와 같은 발달장애인은 처음 생활습관이 중요하기 때문입니다. 아빠나 엄마의 편안한 승용차에 길들여진 아이는 가끔 시내버스나 전철을 이용할 때 자리가 없으면 불편을 견디지 못하여 불안해하거나 돌발행동을 합니다.

어떤 아이는 좌석에 앉아 있는 사람을 밀쳐내고서라도 자리에 앉으려고 합니다. 대호도 처음에는 전철을 타면 빈자리를 찾아 뛰어다니거나 자리가 없으면 앞에 앉은 사람에게 엉덩이를 들이대다가 여러 차례 야단을 맞았습니다. 요즘은 전철에서 자리에 앉기보다는 서서 가는 것에 더 익숙해졌고, 앉아 있다가도 할아버지, 할머니가 옆에 오시면 "대호야! 일어나야지." 하는 엄마의 말 한 마디에 자리를 양보하는 멋진 청년이 되었습니다. 어머니의 꾸준한 생활교육이 이제 열매를 맺고 있습니다.

대호 어머니는 자폐범주성 아이들을 눈으로 기억하는 '무서운 눈을 가진 친구들'이라고 표현하고 있습니다. 아주 하찮은 것이라 생각했던 일도 기회가 되면 그대로 내보여 주위 사람들을 놀라게 할 때가 많으며, 때로는 엄마가 괴로워하고 불행해 하는 마음까지도 읽고 있다가 엄마를

공격하고 우울하게 만드는 경우가 있습니다.

　작년 8월 한국자폐인사랑협회 주최의 '사랑캠프' 때 부모교육 강사로 초대받은 어머니는 다른 어머니들에게 "큰 사건들이 일어나고 끝없는 고통 속에서 마지막으로 모든 것을 포기하고 싶을 때 깨닫게 된 것은 아들이 간직하고 있는 걸러지지 않은 기억 때문이라는 것을 알게 되었습니다. 아들이 간직하고 있는 나쁜 기억을 끄집어내고 그 곳에 좋은 기억을 채워주는 일은 정말 많은 끈기와 인내를 요구하는 힘든 일이었지요.

　나의 표정, 말투, 내재된 감정, 긍정적이며 좋은 모습을 아들이 눈치 채지 못하게 자연스럽게 표현하는 것은 쉬운 일이 아니었습니다. 하지만 시간이 지나자 아들은 서서히 나를 신뢰하기 시작했고 엄마가 행복해 보였기 때문에 자기도 행복한 마음을 간직하고 싶어 하는 느낌을 받을 수 있었습니다. 서로 신뢰가 생기면 절대 배신하지 않는다는 것도 깨달을 수 있었지요."라고 고백하였습니다. 그리고 "아들이 행복하길 바란다면 부모가 먼저 행복해야 한다."고 말했습니다. 이러한 행복감을 맛보기 위해 어머니는 대호와 함께 가끔 근사한 레스토랑에 가서 식사를 즐기거나 경치가 좋은 곳으로 여행을 갑니다.

　"인생은 해석이다."라는 말이 있습니다. 여러 가지 여건이 어렵고 힘들지만 대호 어머니는 그 긴 고난의 여정을 오히려 감사의 조건으로 받아들이고 항상 겸손한 모습으로 남들을 대해주시니 대호 역시 자아 존중감이 더욱 높아지고 나날이 발전해가고 있습니다. 앞으로 대호와 어머니로 인해 장애 자녀를 가진 많은 부모님들이 새로운 소망과 기쁨을 간직하길 바랍니다.

- 2012년 4월호 -

우리 엄마가 달라졌어요

밀알부모대학 프로그램

"선생님! 올해 밀알부모대학은 언제 시작하나요?"
"작년에 부모대학을 통해 우리 아이 교육 방법에 대해 더 자세히 알 수 있어서 좋았습니다."
"올해는 사춘기 학생들의 성교육 지도 방법에 대해서도 배우고 싶어요."

지난 3월 신학기 때부터 등, 하교 시간에 만난 부모님들을 통해 본교 학부모 지원 프로그램인 '밀알부모대학'에 대한 기대감을 갖게 하는 이야기를 많이 들을 수 있었습니다.

대부분의 특수학교에서도 학부모 교육을 실시하고 있지만 매월, 또는 격월로 열리는 학부모회 모임 때, 회의 후에 외부 강사를 초청하여 1시간 정도 특강 형태로 진행됩니다. 그러나 유치원 과정에서부터 초, 중, 고등학교 또는 전공과 과정까지 설치되어 있는 발달장애 특수학교의 다양한 계층의 학부모를 대상으로 아무리 훌륭한 강사가 초빙되어도

모두가 공감할 수 있는 내용으로 교육을 하기에는 한계가 있습니다. 그래서 본교에서는 지난 2005년부터 10주 과정의 학부모교육훈련 프로그램인 '밀알부모대학'을 개설하였습니다.
부모들에게 발달장애아 교육과 관련된 전문지식뿐만 아니라 교양, 또는 취미를 살릴 수 있는 다양한 분야에 대해 배울 수 있는 기회를 제공하고 있습니다.

이 프로그램의 강의 주제와 강사 선정은 학부모들에게 가정통신을 통해 듣고 싶은 주제와 강사 등에 대해 설문조사를 하고 그 결과를 바탕으로 이루어집니다. 올해는 자폐범주성 장애에 대한 기본적인 이해와 교육 동향, 가정에서의 일상생활 지도, 부적응행동 대응 방법, 사춘기 발달장애 학생의 성교육 방안, 장애 자녀와 형제자매 사이에서의 부모역할, 약물치료법의 올바른 이해, 발달장애인의 직업과 진로대책, 마술의 세계에 빠져봅시다, 색종이 접기 등 다양한 주제에 대해 강의를 개설할 예정입니다.

강의 시간도 학부모들이 가장 많이 모일 수 있는 시간으로 정하게 됩니다. 올해는 매주 화요일 오전 9시30분부터 11시 30분까지 2시간동안 본관 2층 회의실에서 개설할 예정입니다. 이러한 부모교육이 발달장애 자녀의 가정지도에 유익한 정보를 제공하기 때문에 학교에서는 매년 유치, 초등학교 신입생 부모들과 편입생 부모들에게는 필수 과정으로 꼭 등록하도록 권유하고 있습니다. 몇 년 전부터는 인근 특수학교나 특수학급, 장애인 복지관 등을 통해 등록하는 부모들도 점차 늘어나고 있습니다.

10주 과정의 수강료는 간식비를 포함하여 3만원이며, 주제별로 희망하는 강의를 선택하여 들을 경우에는 1회당 5천원으로 책정하였는데, 이러한 규정은 학부모회 임원들과 협의하여 결정합니다. 수강자 접수에서부터 출석 체크, 간식 준비 등 전체 운영도 본교 학부모 임원회가 맡아 진행합니다. 물론 강사 섭외와 강의 유인물 준비는 학부모교육 담당교사가 지원을 합니다. 10회 중 8회 이상 참석하신 분에게는 본교 학교장 이름으로 수료증서를 수여하며, 학부모 임원회에서는 상(賞)을 준비하여 학부모들의 참여를 독려하고 있습니다.

 밀알부모대학을 통해 많은 부모들은 "발달장애 자녀의 특성을 올바로 이해하고 교육의 가능성을 새롭게 발견하는 좋은 계기가 되었다."고 평가하고 있습니다. 부모가 자녀를 바라보는 눈이 긍정적으로 바뀌니 아이들의 얼굴표정도 밝고 편안해 보이고, 이처럼 부모가 달라진 만큼 학생들도 변화되고 발전해가고 있습니다. 밀알부모대학은 본교 교육활동의 새로운 원동력이 되고 있는 셈입니다.

- 2012년 5월호 -

밀알학교 행복 이야기
82

자원봉사는
삶의 활력소입니다

강남구청 우수자원봉사자 정동희 선생님

행복이야기 24

"아이들이 너무 예쁘고 잘생겼어요!"
"선생님들의 노고와 열정에 감동하고 있습니다."
"엄마들의 씩씩하고 밝은 모습에 머리가 절로 숙여집니다."
"밀알학교 봉사는 재미있고, 제 삶에 큰 활력소가 됩니다."

이 말들은 본교에 매주 빠짐없이 열심히 자원봉사를
나오시는 정동희 선생님에게서 자주 듣는 말입니다.

정 선생님은 2004년 3월부터 밀알학교에서 봉사를
시작하였습니다. 그 전에도 경기도 어느 복지 시설에서
독거노인들의 무료급식 봉사를 해왔는데 서울 집과 멀리
떨어진 곳이라 오가는 데 많은 시간이 소요되었다고 했습니다.
그래서 좀 더 가까운 곳에서 봉사할 장소를 찾고 있던 중, '말아톤' 영화 상영 이후 자폐성
장애인에 대해 관심을 갖게 되었고 인터넷 검색을 통해 밀알학교를 알게 되어 자원봉사
등록을 하였습니다.

모태신앙으로 남동생은 현재 서울 상도동에서 개척교회 독사님이시고 집안의 형제들도
모두 신앙생활을 하고 있어 성경적 가르침에 따라 어릴 때부터 남을 돕고 봉사하는 일을
생각하고 있었습니다. 결혼 후 남편과 아이들의 뒷바라지에 매달리다보니 다른 일에 신경
쓸 겨를이 없었다고 합니다. 어느 부모와 다름없이 학령기 자녀의 학업성적을 더 올리기
위해 스케줄을 관리하고 행동을 간섭하며 매달렸습니다. 엄마의 행동 때문에 자녀와 관계가
악화되기도 하였습니다. 힘든 마음을 추스르기 위해 일주일에 하루는 집안일도 잠시 접어
두고 자신보다 더 어려운 이웃을 찾아 몸으로 봉사하기로 결단을 하였다고 합니다.

일상적인 삶에서 벗어나 봉사하는 그 시간에는 삶의 감사와 기쁨이 넘쳤습니다. 정
선생님의 이러한 변화에 대해 남편도 기뻐하고 집안일을 도와주며 봉사활동을 할 수 있도록
배려해 주었습니다. 특히 자녀들이 엄마를 바라보는 시선이 달라졌습니다. 특수학교에서
봉사하는 엄마를 자랑스럽게 여기며, 자신들이 해야 할 일은 스스로 찾아서 하는 분위기로
바뀌었습니다. 학교생활에도 충실하고 성적도 더 좋아졌습니다. 자연히 자녀와의 관계도
회복되어 서로를 믿고 소중히 여기며 공감과 소통이 이루어졌습니다.

2006년 7월부터 3년간 외교통상부에 근무하는 남편을 따라 중국에 가서도 밀알학교
아이들이 보고 싶고 선생님들이 보고 싶었다고 합니다. 그래서 귀국하자마자 바쁜 중에도

선생님들의 수고를 덜어주기 위해 학교로 봉사를 나왔습니다. 작년부터는 둘째 자녀가 대학을 졸업하고 독립해서 시간적 여유가 생겼다며 일주일에 두 번 봉사를 오시고 더욱 열정적으로 참여하십니다. 작년 연말에 강남구 자원봉사센터에서 주관하는 우수봉사자상을 수상하였습니다.

 사실 강남구청에 추천을 하겠다고 했을 때 상 받기 위해 봉사를 한 것이 아니라며 극구 사양을 했지만 본교 200여 명 자원봉사자들의 귀감을 삼고자 한다고 잘 말씀드려 겨우 승낙을 받았습니다.
 학교로 상담을 요청하는 부모들에게 왜 본교로 전학을 오려고 하느냐고 물으면 많은 분들이 밀알학교는 선생님이 학생들을 사랑으로 가르치고, 학급마다 보조원과 자원봉사자들이 많이 배치되어 개별화 학습을 통해 수업의 질이 높으며, 야외활동을 할 때도 안심이 되기 때문이라고 대답합니다.
 정 선생님과 같이 겸손한 마음으로 우리 학생들을 예뻐하고 열심을 다해 봉사하는 자원봉사자들이 많습니다. 밀알학교는 더욱 행복하고, 하나님께서 기뻐하시는 참교육의 산실이 되고 있습니다.

- 2012년 6월호 -

25 특수교육 교사의 꿈을 키워요

교육실습의 요람, 밀알학교

매년 5월이면 학교 분위기는 교육실습생으로 인해 더욱 활기를 띱니다. 올해는 강남대와 단국대, 이화여대, 용인체대 등 수도권 지역 대학교뿐만 아니라 백석대, 순천향대, 그리고 강원도 속초의 경동대학교까지 모두 7개 대학에서 10명의 특수교육학과 4학년 학생들이 본교에서 5월 7일부터 4주일 동안 교육실습을 받았습니다.

교생들이 교육현장에서 활동하는 4주간은 지도교사를 비롯한 모든 교사들이 긴장을 합니다. 선배 교사로서 수업을 공개하여 교수-학습지도방법과 생활지도에 대해 모범을 보여야 하기 때문입니다. 교생이 배치된 학급의 학생들도 담임교사보다 젊고 역동성이 있는 예비 선생님들의 생기발랄한 모습에 또 다른 기대감이 있어서인지 더욱 열심을 냅니다.

실제로 교육실습은 교사로서의 기본적인 소양을 배우는 데 있어 매우 중요한 과정입니다. 그래서 우리 학교에서는 개교 때부터 4주간의 교육실습생으로 승인을 받으려면 먼저 6개월 이상 본교에서 자원봉사를 통해 예비 실습과정을 거치도록 하고 있습니다.

올해의 교생들도 모두 대학교 1~2학년 때 본인의 전공과 관련된 학급에 배치되어 자원봉사를 열심히 한 사람 중에서 선발됐습니다. 특히 다른 학교와 달리 본교에서 교육실습생을 선정하는 시기는 매년 9월 초순에 이루어집니다. 각 대학교로 공문을 발송한 뒤, 지정된 한 주간 동안 본인이 직접 전화로 신청을 해야 하며, 대학별로 2명 이내, 그리고 전체 12명까지 선착순으로 신청 마감을 합니다. 가끔 자원봉사를 열심히 하였지만 신청이 늦어 본교에서 교육실습을 받지 못한 경우도 있습니다.

인원이 확정되면 대학으로 알리면서 그 이듬해 3월 신학기 첫 주에 오리엔테이션을 갖고 미리 지정된 교육실습 학급의 지도교사와도 면담을 갖습니다. 일반적으로 5월 첫 주에 교육실습이 시작되지만 엄밀히 말해 우리 학교는 3월부터 교육실습이 시작되는 셈입니다. 주 1회 자원봉사로 참여하여 지도교사의 학급운영 방침과 수업 및 생활지도 방법에 대해 자연스럽게 배우면서 교육실습을 미리 준비하게 하기 때문입니다.

다시 말해 다른 학교에서 교육실습 1, 2주차에 이루어지는 학교분위기 숙지와 지도교사의 성향 및 담당 학생들의 특성 파악을 3, 4월에 마치고, 5월에 교생실습이 시작되면 1주 동안 오전에 수업참관, 오후에 교직 관련 연수를 받은 후, 2주차부터는 교생이 수업 계획안(약안)을 직접 짜서 1일 2회 이상 수업을 합니다. 이러한 교수-학습지도 경험을 많이 하게 하여 수업을 사전에 잘 준비합니다. 이는 학생과의 원활한 상호작용이 이루어지는 좋은 수업을 할 수 있도록 유도하기 위함입니다.

3주차에는 미리 공개 수업안을 작성하고, 4주차에 공개 수업을 하게 되는데 이때에는 각 과정별로 부장교사들과 수업이 없는 교사들이 모두 참관하여 수업에 대해 보다 세심한 평가를 합니다. 그리하여 교생들이 바람직한 교사의 역량을 갖추도록 권면하기 위함입니다. 특별히 지도교사들은 '선배보다 더 나은 후배'를 배출하기 위해 밤늦도록 수업

지도안을 검토하고, 교생일지에도 꼼꼼하게 의견을 기록하여 특수교육교사의 사명과 꿈을 갖도록 하고 있습니다.

지도교사의 열정과 노력으로 인해 우리 학교에서 교육실습을 받은 많은 학생들은 다음과 같은 소감을 전하고 있습니다.

"비록 몸은 힘들었지만 대학에서 배운 이론을 실제로 적용하면서 현장의 소중함을 새삼 깨달았습니다."

"선배 선생님들이 발달장애 학생들을 인격적으로 대하면서도 때로는 엄하게 교육하는 참교육자의 모습을 보았습니다."

"실습기간이 짧은 것 같아 교생실습 기간이 끝나고도 1주일에 하루는 계속 자원봉사를 나오고 싶습니다."

"기독교 정신으로 설립된 밀알학교에서 교생실습 한 것이 자랑스럽습니다. 앞으로 교육현장에 나가면 밀알 정신으로 다른 사람을 나보다 더 존귀히 여기고 섬기며, 더욱 열심히 노력하는 특수교육 교사가 되겠습니다."

그런 의미에서 마지막 날, 4주간의 교육실습을 마친 교생에게는 앞으로 밀알인으로서의 자부심과 긍지를 갖고 장애인에 대한 관심과 사랑을 실천하자는 캠페인의 일환으로 밀알복지재단이 실시하고 있는 '회색리본달기' 책자를 소개하고, 뱃지를 직접 달아줍니다.

실습기간 동안 잠을 줄여가면서 정말 최선을 다한 10명의 교생선생님들에게 힘찬 격려의 박수를 보냅니다. 지난 4주간의 땀방울이 밑거름이 되어 훌륭한 교사가 되길 기대하고 기도합니다.

- 2012년 7월호 -

밀알학교 행복 이야기
88

함께 나누고 함께 살아가는 삶의 기쁨

코스트코 양재점 '늘푸른 봉사회' 회원들의 활동소감

[열매이야기 26]

 지난 7월 중순, 1학기 자원봉사자 간담회를 가졌습니다. 월요일에서 금요일까지 5일간 매일 아침에 1교시 수업시간을 할애하여 다과를 나누며 지난 학기의 봉사활동 소감을 서로 나누는 의미 있는 시간이었습니다. 간담회에 참석한 봉사자들의 한결같은 소감은 학생들에게 자신의 시간과 재능을 나누어 준 것보다 더 많은 것을 배우고 얻었다는 것이었습니다.
 올해로 개교 15년째를 맞이하고 있는 본교의 교육활동에 있어서 그동안 자원봉사자의

역할은 큰 몫을 차지해왔습니다. 특히 개교 후 5년간은 학급당 학생의 정원이 무려 15명이었기에 교사 1인이 학생들을 감당하기에는 역부족이었습니다. 더군다나 그 당시에는 특수교육보조원 제도도 없던 터라 더욱 어려운 여건이었습니다. 그래서 남서울은혜교회와 남서울교회에 여러 차례 광고를 통해 많은 교인들이 자원봉사자로 참여해주셨습니다. 대부분은 주부들로서 바쁜 일상 속에서도 1주일에 하루 오전이나 오후 시간을 비워 한 학기동안 열심히 학생들의 수업과 생활지도를 지원해 주셨습니다. 어떤 분은 10년 이상 지금도 꾸준히 봉사를 하고 있는데 학교 입장에서 참으로 고맙고 귀중한 분들입니다.

그 후 2005년 이후에는 보다 전문적이고 지속적인 지원 인력의 확보를 위해 특수교육학과나 사회복지학과가 설치된 대학교와의 산학협력을 통해 교육실습의 일환으로 대학생들을 자원봉사자로 받았습니다. 이들은 희망 학급에 배치되거나 금요일 고등부의 '전환교육의 날'에 직무 지도원(job coach)으로 활동하고 있습니다.

최근 몇 년 전부터는 직장 단위의 봉사자들이 늘어나고 있습니다. 평일 근무로 인해 매주 봉사활동을 하지는 못하지만 매월 1회 정도 정기적으로 봉사를 나오는 팀이 있습니다. 그 중 마지막 주 수요일에 몇 년간 꾸준히 봉사활동을 해주시는 코스트코 양재점의 '늘푸른 봉사회' 회원들은 우리학교와 학생들에 대해 남다른 사랑과 열정을 갖고 있습니다. 회원들은 각자 월 1회 휴가를 내어 지역사회의 어려운 곳을 찾아가 돕는 일을 하고 있는데, 우리학교에 나오시는 회원들은 모두 밝은 미소와 겸손한 자세로 발달장애 학생들의 손과 발이 되어주고 있습니다.

늘푸른 동우회의 전임 회장 김선미 님은 밀알학교에서의 봉사 소감을 다음과 같이 이야기하고 있습니다.

"밀알학교 학생들과의 만남은 저에게 언제나 생활의 활력을 줍니다. 우선 저의 작은 힘이나마 필요로 하는 곳이 있다는 것에 감사하며, 학생들과 함께 공부하고 야외 활동을 하면서 조금씩 성장하고 변화하는 이들의 모습에서 큰 기쁨을 맛보게 됩니
다. 특히 아이들의 순수함이 때론 나를 되돌아보는 거울이 되어 그동안 삶의 무게에 억눌려 때 묻은 저의 모습을 정화시켜 줍니다. 함께 나누고 함께 이 세상을 살아간다는 이 느낌. 그것이 우리 봉사회 회원들이 밀알학교를 찾게 되는 원동력이며, 작은 행복감이라 생각합니다. 앞으로도 여건이 허락하는 한 계속 밀알 학생들을 만나고 싶습니다."

이러한 이야기를 들으면 학교 관계자로서 마음 든든하고 기분이 좋습니다. 물론 아직도 비장애인들의 장애인에 대한 잘못된 편견과 인식부족으로 인해 우리 사회에서 장애인들이 적절한 교육과 취업의 기회를 갖지 못하고 있는 실정입니다. 그래도 밀알학교는 하나님이 세우신 학교이며, 그동안 많은 무명의 자원봉사자들로 인해 나눔과 섬김을 통한 사랑의 공동체로 우뚝 서게 되었으며 다른 특수교육기관들로부터 부러움을 사고 있습니다.

앞으로 학생들이 더 행복하고 훌륭한 학교를 만들기 위해서 100여 명의 교직원과 200여 명의 봉사자들이 한 가족처럼 서로 믿고 의지하며 존중하는 아름다운 밀알 공동체로 가꾸어 나가길 소망합니다.

- 2012년 8월호 -

지역사회와 함께 하는 열린학교

학교 별관, 종합문화예술센터의 기능

본교는 1997년도 3월, 개교하기까지 마치 산모가 겪는 진통을 겪어야 했습니다. 당시 서울특별시교육청으로부터 특수학교 설립인가를 받고서도 학교 부지를 매입하고 건축 허가를 받는 과정에서 지역주민들의 집단 민원과 노골적인 공사방해 시위로 인해 공사가 지연되는 등 많은 어려움이 있었습니다.

그러나 발달장애 학생의 효율적인 교육을 위해서는 지역사회와의 교류와 지원이 꼭 필요했습니다. 왜냐하면 사회성 장애를 보이는 우리 학생들에게 최우선의 교육적 과제는 다양하고 질 높은 사회 경험을 통하여 부족한 영역의 발달을 도모해야 하기 때문입니다.

그래서 우선 장애에 대한 인식개선을 위해 학교시설을 지역주민들에게 개방한다는 방침을 세우고, 다양한 교육정보 및 문화 활동을 지원할 수 있도록 건물 설계를 기존 일반학교와는 다르게 모색하게 되었습니다.

본관 건물은 주로 학생들의 수업활동을 하는 교실과 특별실을 배치하였습니다. 별관은 체육관을 비롯하여 미술관과 콘서트홀, 커피숍, 제과점, 그리고 각종 세미나실을 두어 학생들의 다양한 체육 문화 예술 활동과 직업 현장실습의 장으로 활용할 뿐만 아니라 지역주민들에게도 개방하여 기존 특수학교의 고립된 환경에서 벗어나 지역사회와의 소통을 위한 열린 공간으로 제공하게 된 것입니다.

특히 학교 설립과 건축과정을 주도해 온 남서울은혜교회가 매주일 본교 건물을 예배 장소로 사용함으로써 자연스럽게 많은 지역 주민들이 특수학교에 대해 관심을 갖고 장애학생을 올바로 이해하게 되었습니다. 또한 평일에 학교의 자원봉사자로 참여할 수 있는 계기를 만들어 주고 있습니다. 체육관은 본교 정문 맞은편에 위치한 삼성의료원 직원들이 매주 수요일 체육활동을 하고 있습니다.

문화체육부 인가를 받은 밀알미술관은 연중 작품전시회를 개최하는데 누구나 무료로 관람할 수 있습니다. 콘서트홀(세라믹팔레스홀)은 네 벽면이 모두 도자기로 부착되어 음향의 효과를 높여주고 있어 음악가들의 호평이 이어지고 있습니다. 특히 매월 주말에 열리는 '밀알 음악회'는 지역주민과 함께하는 열린 음악회 성격으로 운영되는데 국내외

유명 성악가와 연주자들은 초대된 장애인과 노인 등 평소 클래식을 접하기 힘든 분들에게 악기와 연주곡을 자세히 설명하여 친근감과 아름다운 감동의 무대를 만들어 내고 있습니다. 그 외 세미나실은 각종 기관 및 단체들의 행사나 모임 장소로 이용되고 있으며, 2007년에 증축된 신관에는  상설 상담센터를 두어 지역 주민들과 본교 학부모들의 정신적인 안식처 역할을 하고 있습니다. 도산홀(중강당)은 주말에 결혼식장으로 대여하기도 합니다.

또한 커피숍과 제과점은 본교 고등부 학생들의 직업 진로교육을 위한 현장체험 실습장으로 활용하고 있습니다. 최근에는 바리스타 교육실습을 받고 졸업 후에 카페에 취업이 된 학생도 있으며, 제과점에서 실습한 학생은 빕스와 KFC 등에서 일하고 있어 교내 현장실습이 교육적인 효과를 얻고 있는 셈입니다.

이처럼 본교는 설립 당시 지역주민들의 지역 이기주의 님비현상의 어려움을 잘 극복하고, 별관의 각종 시설물들을 지역주민들과 주변 기관 단체에 개방함으로써 특수학교의 부정적인 이미지를 개선하고 현재는 지역사회의 종합 문화예술센터의 기능을 하고 있습니다. 또한 학생들도 지역주민들과의 자연스런 만남과 활동을 통해 사회성이 신장되고 생활적응 능력이 향상되는 결과를 가져오고 있습니다.

'지역사회와 함께하는 열린학교'의 위상을 갖기까지 많은 고난과 갈등이 있었지만 본교는 앞으로도 지역사회의 자원을 보다 폭넓게 활용함과 동시에 지역의 발전에 기여하는 노력을 계속해 갈 것입니다.

너희가 짐을 서로 지라 그리하여 그리스도의 법을 성취하라 (갈라디아서 6장2절)

– 2012년 9월호 –

밀알학교 행복 이야기
94

혼자서도
학교에 다닐 수 있어요

● 개별 자율통학훈련 프로그램

28 행복이야기

장애학생을 교육하는 모든 특수학교에는 학교버스가 있습니다. 본교에도 4대의 통학버스가 운행되고 있습니다. 학생들이 등하교를 하거나 현장체험학습, 소풍, 캠프 등 야외활동을 할 때 주로 사용합니다.

이러한 통학버스는 학생들에게 안전성과 편리함을 줍니다. 그러나 통학버스는 학부모들의 자가용과 함께 발달장애 학생들의 사회적인 자립의 걸림돌이 되기도 합니다. 그래서 본교에서는 고등학교 학생들 중에서 혼자 등하교를 할 수 있는 가능성이 있는 학생을 대상으로 학부모의 동의와 협력을 얻어 스스로 대중 교통수단을 이용하는 프로그램인 '개별 자율통학훈련'을 실시하고 있습니다.

특히 '개별 자율통학훈련'은 학생들에게 대중교통수단의 이용방법을 익혀 이동기술 능력을 향상시키며 공공질서 의식을 함양하게 합니다. 그리고 가정생활과 경제활동 프로그램을 접목시켜 경제생활 기술도 습득하게 합니다. 이 훈련의 궁극적인 목표는 학생의 자립생활 능력을 높이기 위한 것이므로 보다 체계적인 운영방안을 필요로 합니다.

구체적인 운영 방침으로는 우선 고등부 담임교사들과 직업담당 교사의 협의를 거친 후 학부모와 상담을 하고 동의서를 받아 대상자를 결정합니다. 그리고 학생을 지도할 대학생

자원봉사자를 선정하고, 사전 교육을 통해 '개별 자율통학훈련'의 취지와 운영방법, 대상 학생의 집까지의 경로를 숙지하도록 합니다. 또한 담임교사는 학생명부에 대상 학생의 신상과 생활 습관, 특성 등을 자세히 기록하여 훈련 중에 일어날 수 있는 안전사고를 예방하고 돌발 상황에 신속히 대처하도록 합니다.

훈련 횟수는 주 1회, 한 학기 동안 실시하는 것을 원칙으로 하고, 자원봉사자와 대상 학생을 일 대 일로 연결하며, 가능한 한 도보나 버스, 지하철 등 대중교통수단을 이용합니다. 이때 소요되는 자원봉사자의 교통비는 학교 직업훈련 실습비에서 지원하고, 학생은 자부담을 하도록 합니다. 그리고 자원봉사자는 직업담당 교사와 긴밀한 연락을 통해 매주 학생의 '개별 자율통학훈련' 상황과 경제생활 참여정도 등에 대해 지도일지를 작성하는데, 이것은 대상 학생의 훈련내용과 변화과정을 분석하는 자료로 활용됩니다.

이러한 '개별 자율통학훈련'을 지속적으로 실시한 결과, 다상 학생들은 대부분 학교에서 집까지 이동경로를 숙지하여 타야 할 교통수단을 알고 교통카드 사용방법을 배우는 등 대중교통의 이용 능력이 향상되었습니다. 사회의 규칙과 질서를 몸으로 익히며 낯선 환경에 대한 두려움과 집착 정도가 완화되기도 하였습니다. 또한 부모님이 작성해 준 구매목록을 보고 집 근처 슈퍼마켓에서 직접 물건을 구매함으로써 경제활동 능력을 기를 수 있게 되었습니다.

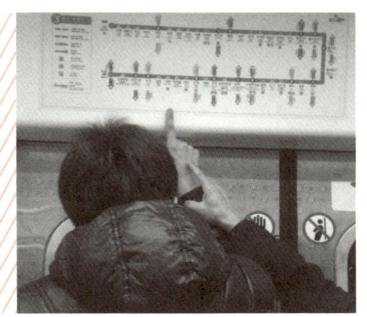

'개별 자율통학훈련'은 학교가 주관하여 실시하는 것보다 실제로 가정에서 부모가 그 중요성을 깨닫고 초등학교 때부터 다양한 환경에서 자연스럽게 실시하는 것이 가장 큰 효과를 가져올 수 있습니다. 물론 부모가 발달장애 학생을 데리고 버스나 지하철 등 대중교통수단을 이용하는 것이 우리의 현실에서 결코 쉬운 일은 아닙니다. 하지만 사회적 생활자립을 목표로 지속적인 노력과 훈련을 하게 되면 부모의 활동여건에 따른 제한에서 벗어나게 됩니다. 학생 스스로 교통수단을 선택하여 어디든지 다닐 수 있는 삶의 자유로움과 기쁨을 누릴 수 있게 됩니다.

지금까지 발달장애 학생을 가진 학부모들이 이러한 자율통학의 좋은 점을 알면서도 제대로 도전하지 못했는데, 본교 교사들의 교육방침을 신뢰하고 적극적으로 협력해주신 덕분에 올해도 여러 명의 학생들이 '개별 자율통학훈련' 프로그램에 참여하여 혼자 등·하교를 할 수 있게 되었습니다.

이러한 성과를 통해 "발달장애인도 우리 사회에서 자신의 잠재능력을 발휘할 수 있는 기회를 충분히 제공해 준다면 더 나은 직업을 갖고, 사회에 기여할 수 있는 생활인으로 성장할 수 있다."는 확신을 갖게 되었습니다.

- 2012년 10월호 -

꾹꾹 눌러 쓴 **행복**

학생들의
정성과 꿈을 팔아요

'꿈이 있는 가게' 운영

29 행복이야기

 우리학교 신관 1층 왼편에 예쁜 가게가 자리하고 있습니다. 그 곳은 바로 '꿈이 있는 가게' 입니다. 고등학교 학생들의 진로 직업교육을 위한 전환교육 활동의 일환으로 2006년에 개설하였습니다. 처음에는 별관 지하에서 시작하였습니다. 그동안 학생들의 다양한 직업훈련을 위해 지역사회의 장애인복지관이나 직업훈련센터, 작업장 등에서의 집단교육과 함께 교내에서는 식당, 도서관, 교무실 카페 등에서 개별적인 직무교육을 실시해 왔습니다. 그러다가 학생들이 공예, 미술, 도예 등 수업 중에 만든 작품들을 전시하여

간이 바자회를 하는 과정에서 상설 매장의 필요성을 느끼고 선생님들이 교내에 가게를 만들자는 제안을 하게 되었습니다.

그래서 밀알아트센터와 협의하여 커피숍(더 카페) 옆에서 시작하게 되었습니다. 운영 주체는 처음에는 학교에서 진행하다가 자원봉사자로 학부모님들이 참여하면서 자연스럽게 학부모회에서 전체를 주관하게 되었습니다. 그리고 요일별로 봉사하는 어머님이 담당 학생을 지도하고 있습니다.

'꿈이 있는 가게'의 구체적인 운영 목적은 고등학교 교내 직업기능 수업시간에 생산된 작품을 상설 전시, 판매함으로써 장애 학생들에게는 직업적 능력을 향상시키고 성취감을 심어주어 졸업 후에 사회에 원활하게 적응할 수 있는 태도를 함양하는 데 있습니다. 나아가 '꿈이 있는 가게 운영위원회'를 구성하여 지역사회 위원과 학부모님이 함께 참여하는 사회통합의 길을 모색하는 목적도 있습니다.

기본적인 운영방침은 우선 고등학교 학생을 대상으로 실습 신청자를 받아 평가 후 선발하며 교사, 학부모, 지역인사로 구성된 '운영위원회'를 구성하여 가게 운영 전반을 협의하고 있습니다. 특별히 방학 중에는 부모님과 함께 참여할 수 있는 학생을 선정하여 운영합니다. 비록 부모의 도움을 받지만 체계적인 판매 물품 관리를 위해 포스(POS)를 도입하고 있습니다. 그리고 실습 학생에게는 매월 소정의 급여를 지급하여 학생들에게 경제활동에 대한 의욕을 높여줍니다.

주요 실습 내용은 물품판매 시 상황에 따른 인사말 사용, 상품 설명 및 포스(POS)를 이용한 판매 활동과 가게 청소 및 물품진열, 정리·정돈을 하며, 판매대금 등에 대한 '꿈이 있는 가게' 실습일지를 작성하고, 판매 금액을 인근 은행에 입금하는 일을 하고 있습니다. 가게 운영시간은 현재 오전 10시부터 오후 4시까지이며, 방학 중에는 조정하여 운영하고 있습니다.

특히 실습의 효과를 극대화하기 위해 오전에는 학부모 자원봉사자, 오후에는 대학생 자원봉사자를 배치하고 있습니다. 2009년 3월부터는 가게에서 항상 실습을 지도할 수 있는 특수교육보조원을 전담 인력으로 지정하여 실습을 지원하면서 더욱 활성화되고 있습니다. 학생들은 이 가게에서 실습하는 것에 대해 대단한 자부심을 갖고 있습니다. 학부모들도 이곳에서의 활동이 앞으로 직업 진로에 좋은 영향을 미칠 것이라는 기대를 하고 있습니다.

실제로 지난 3년간 '꿈이 있는 가게' 실습생의 교육성과(졸업 후 진로 상황)를 분석해 본 결과, 실습생 15명 중 직업과 직접 관련이 있는 보호고용과 경쟁고용 사업체에 60%가 취업되었고, 직업을 준비하고 있는 과정에 30%가 진학을 하였습니다.

앞으로 '꿈이 있는 가게'가 좀 더 발전하기 위해서는 학생 작품 외에 학부모 참여 작품과 외부 장애인단체 생산품의 판매 등 상품의 다양화와 질 향상을 통해 수익을 증대시켜야 합니다. 그리고 운영위원회를 통한 학부모님들의 적극적인 참여로 '꿈이 있는 가게'가 자립할 수 있도록 해야 합니다. 학교 수업 시 생산되는 물품의 체계적이며 지속적인 납품과 판매를 추진하고, 궁극적으로는 생산품 판매와 관련된 사회적 기업으로 성장하고 본교 졸업생의 고용창출을 극대화하려는 노력이 더 필요합니다.

우리 학생들이 직업 수업 시간에 만든 이 물건들을 사주시는 부모님과 지역 주민들, 그리고 학생을 지도하는 교사들의 열정이 함께 어우러지고 있으므로 앞으로 '꿈이 있는 가게'는 더욱 번창하고 가게 이름처럼 학생들의 꿈이 높고 넓게 펼쳐나갈 것 입니다.

- 2012년 11월호 -

밀알학교 행복 이야기
100

국제화 시대,
밀알이 함께 열어갑니다

일본 히로시마현립 미하라(三原)특별지원학교
학생과의 교류활동

행복이야기 30

"곤니치와!"
"안녕하세요?"

지난 10월18일(목) 오전, 본교와 자매결연을 맺은 일본 히로시마(?島)현립 미하라(三原)특별지원학교(이하 미하라학교) 고등부 2학년 학생 24명과 인솔교사 6명이 서울로 수학여행을 와서 밀알학교 학생들과 교류활동을 가졌습니다.

미하라학교는 본교와 같이 지적장애나 자폐성장애를 가진 학생들이 다니는 공립 특수학교입니다. 이 학교에서는 그동안 고등부 학생들의 수학여행을 일본 수도인 도쿄(東京)를

중심으로 국내에서만 실시하였다고 합니다.

그런데 이번에 한국으로 수학여행을 오게 된 계기는 올해 1월, 본교와 자매결연을 맺은 후 양교 교직원과 학생 교류의 일환으로 이루어졌습니다. 사실 지난 1월13일, 일본 미하라 특별지원학교에서 열린 양교 자매결연식은 현지 교육청(교육위원회) 관계자와 학부모들도 많이 참석하여 매우 성대하게 거행되었습니다. 그 이유는 히로시마현 교육청 산하 학교로서는 처음으로 국제교류의 장을 열었기 때문입니다. 이러한 자매결연 소식은 히로시마 지역신문에 크게 기사화되었습니다.

특히 미하라학교에서는 본교 학생들과의 교류를 위해 지난 4월, 새학년 개학 때부터 수업시간을 할애하여 교사뿐만 아니라 학생들이 모두 한글과 한국의 문화에 대하여 배웠다고 합니다. 그래서 본교에 도착했을 때 우리가 "안녕하세요?"라는 인사를 하니 모두들 큰 소리로 "안녕하세요?"라는 답례를 자연스럽게 하였습니다.

본교 학생들도 멀리 일본에서 친구들이 온다는 소식을 듣고 사전 교육활동으로 간단한 일본어와 일본 문화에 대해 공부하였습니다. 교사들은 학생들의 다양한 교류활동을 위해 정성을 다해 게임과 간식 등을 준비하였습니다. 그리고 교류활동 당일에는 고등부 전체 학생들과 교사들이 체육관에 미리 가서 수학 여행단을 반갑게 맞이하였습니다. 미하라학교 학생들이 교류식 이후 노래와 율동을 보여줄 때에는 함께 손뼉도 치며 흥겨운 시간을 보냈습니다.

본교 고등부 2학년과 교류활동 시간에 제기차기와 2인3각 릴레이, 그리고 투호놀이를 각 반별로 나누어 진행하였습니다. 먼저 프로그램 담당교사가 활동에 대해 시범을 보여주고, 양교 학생들이 서로 짝을 지어 선의의 경쟁을 하며 즐겁게 게임에 참여하도록 격려하였습니다. 특히 마지막 순서에는 전체 학생들이 양손을 잡고 '강강수월래' 음악에 맞추어 원을 그리며 흥겹게 뛰어놀았습니다. 처음에는 다소 소극적이던 일본 학생들도 점차 강강수월래 가사를 익혀 열심히 따라 부르면서 즐겁게 참여하여 체육관은 그야말로 축제의 열기가 가득했습니다.

　행사 후 단체 기념사진을 촬영하고, 식당에서 간식을 함께 먹으면서 학생들은 비록 서로 말이 통하지 않았지만 과자를 나누어 주는 등 화기애애한 분위기가 이어졌습니다. 본교 학생 대표로 환영 인사를 한 경민이는 "교감선생님! 우리도 일본에 수학여행 가요."라고 말하면서 일본 친구들과의 계속적인 만남을 기대하였습니다.

　그리고 미하라학교 교사들과 학생들은 본교 교실과 특별실을 둘러볼 때, 감각운동실의 러닝머신과 자전거, 감각통합실의 각종 시설, 그리고 별관의 '꿈이 있는 가게'와 제과점, 세라믹팔레스홀(음악홀) 등을 보고는 매우 감동하고 부러워하는 눈빛이었습니다.

　귀국 후 일본에서 보내온 학생들의 수학여행 소감문에도 본교 건물이 너무 멋지고 아름다웠으며, 교사들과 학생들도 매우 친절하고 따뜻한 마음으로 환대해주었다고 고마워했습니다.

　이번 교류 활동을 통해 우리 학생들이 일본을 포함한 외국에 대해 단순한 동경이 아니라 보다 친숙한 마음으로 서로 협력하고 배우는 계기가 되었으면 하는 바람과 더불어 국제화 시대의 흐름에 발맞추어 앞으로 더 많은 교류와 활동이 이어지길 기대해 봅니다.

- 2012년 12월호 -

31

행복이야기

쿠키와 빵 만드는 일이 즐거워요

사회적 기업, '래그랜느'의 모범사원 박주환

서울시 강남구 일원1동, 주민센터 맞은편에는 '래그랜느(LES GRAINES)'라는 예쁜 간판이 보입니다. 그 건물 지하 1층에 제과, 제빵 작업장과 아담하고 밝은 분위기의 래그랜느 카페가 나란히 자리하고 있습니다. 이곳은 현재 4명의 자폐범주성 장애인(이하 자폐인)이 전문 파티쉐와 사회복지사의 지원을 받아 쿠키와 빵을 정성스럽게 만들고 있습니다.

래그랜느의 시작은 장애 자녀를 가진 부모님의 소망과 열정에서 비롯되었습니다. 평소 자폐인들도 일할 수 있는 기회가 주어지면 나름대로 자신의 능력과 개성을 살려 충분히 잘 할 수 있을 것이라는 확신을 가지고 있던 남기철, 이미호 대표님은 이미 7년 전에 이들을 대상으로 천연비누 제조 사업을 실시한 바 있습니다. 이어서 2010년 5월에 제과, 제빵 사업으로 새로운 도전을 하였습니다.

래그랜느(LES GRAINES)라는 말은 불어로 '씨앗' 입니다. '밀알' 과 일맥상통하는 면이 있습니다. 작은 씨앗은 비록 연약한 모습이지만 농부의 헌신을 통해 좋은 환경 속에서 잘 가꾸고 키우면 많은 열매를 맺게 됩니다. 그러하듯이 장애인들도 부모와 교사에 의해 개인적 특성과 욕구에 따른

교육과 훈련을 잘 받으면 많은 성장을 이루게 됩니다. 나아가 직장인으로서 사회에 기여를 할 수 있게 됩니다.

이 작업장에는 작년에 본교 고등부를 졸업한 박주환 군이 일하고 있습니다. "주환 씨는 우리 래그랜느의 모범사원입니다. 특히 밀가루 반죽을 일정한 크기로 자르고 쿠키 형태로 만드는 일을 잘 하고 있습니다. 그리고 완성품을 포장하는 일은 달인입니다."라는 파티쉐 선생님의 칭찬을 듣고 나니 정말 기분이 좋았습니다.

주환이는 학교 다닐 때 부적응행동은 별로 없었지만 언어적인 의사표현능력이 부족하고, 성격도 소심하며 활동에 소극적인 편이라 취업할 수 있으리라고는 기대하지 못하였습니다. 처음 래그랜느에서 실습할 때도 사회복지사의 눈치를 보면서 작업 지시를 하면 수동적으로 따라서 하였습니다.

그런데 2개월의 수습과정을 거치면서 일하는 즐거움을 느끼게 되었고 점차 작업 순서나 흐름을 빨리 익혀서 주어진 일에 대해서 빈틈없이 잘 해내었습니다. 요즘에는 자신이 맡은 분야의 일을 얼른 마치고 혹시 다른 동료의 작업이 밀려 있으면 그 일을 도와주고 있다니 그야말로 '모범사원' 입니다.

래그랜느는 개인이 만든 회사이지만 장애인과 노인 등 사회적 약자에게 지속적인 일자리를 제공하고 있습니다. 사회적인 서비스 확충을 위해 서울시에 사회적기업 신청을 한 결과, 2010년 9월 '서울형 사회적기업'으로 인정을 받아 직원들의 임금을 지원받고 있습니다. 또한 작년에는 회사경영과 사업실적 평가에서 우수한 점수를 받아 '더 착한 서울기업'으로 선정되어 특별 지원금을 받았습니다. 특히 올해 9월 고용노동부 인정 사회적기업이 되면서 이곳에서 생산된 쿠키는 강남구청을 비롯한 관공서와 협약하여 '장애인 생산품 우선 구매제도'에 따라 판로가 점차 확대되고 있습니다.

이미호 대표님은 앞으로 래그랜느의 '체인점'을 창업하여 더 많은 장애인에게 일자리를 제공하고, 지속적인 브랜드 가치를 높여 궁극적으로는 장애인의 사회적인 통합에 기여하고 싶다고 하였습니다. 그리고 래그랜느의 창업과 성장과정을 돌이켜보면 모두가 하나님의 특별하신 돌보심과 인도하심이 있었기 때문이라고 고백합니다. 아직도 소규모 영세기업이라 경영상 어려움이 있지만 주님의 은혜와 주변 사람들의 관심과 기도로 날마다 감사와 기쁨이 있어 행복하다는 말을 전했습니다.

이러한 래그랜느의 행복 바이러스가 앞으로 더 많은 장애인과 그 가족들에게 전해지기를 기대해 봅니다.

- 2013년 1월호 -

래그랜드 홈페이지 www.lesgraines.org

밀알학교 행복 이야기

주님의 풍성한
은혜로 채워주신 미션 스쿨

밀알학교 개교 15년을 회고하며

올 2월이면 밀알학교는 개교 15주년을 보내고 16년째를 맞이하게 됩니다. 지난 세월들을 돌이켜보면 하나님의 인도하심 속에 많은 변화와 발전을 거듭해왔음을 고백하지 않을 수 없습니다.

1997년 개교 당시, 유치원 3학급과 초등학교 10학급 총 13학급으로 시작하였습니다. 올해 3월에는 유치원 1학급, 초등학교 12학급, 중학교 6학급, 고등학교 9학급, 전공과 4학급, 총 32학급이 되었으며, 학생 수 220명에 교직원 수도 100여 명에 이르게 됩니다.

만 3세에 유치원에 입학하면 15년간 학교 교육을 받게 되는 셈입니다. 지난겨울 방학에도 많은 부모들이 본교로의 입학과 편입학 문의를
계속해오는 자타가 공인하는 명문 특수학교가 된 것입니다.

특히 본교 학구(강남구, 서초구, 송파구)가 아닌 강북이나 강서지역과 지방에서도 학급의 학생 결원이 생기면 당장 이사를 해서라도 꼭 전학하고 싶으니 연락을 해달라고 간청하는 부모님들이 늘어나고 있습니다. 전입학 관련 문의를 담당하는 사람으로서 행복한 고민이 아닐 수 없습니다. 하지만 발달장애 자녀를 가진 부모님들이 더 나은 교육환경에서 특수교육을 받고 싶어 하는 간절한 소망을 알고 있기에 모든 학급에서 학생 정원을 초과하고 있어 받을 수 없음에 함께 가슴이 시려옵니다.

이렇게 본교가 명문학교로 발돋움할 수 있게 된 것은 먼저 남서울은혜교회가 많은 예산을 들여 학생들이 쾌적한 환경에서 공부할 수 있도록 본관 건물과 시설을 잘 만들어 주었기 때문입니다. 또, 교회가 2002년에는 체육관이 있는 별관을, 2007년에는 신관을 증축하여 지속적인 지원과 협력을 해주고 있습니다.

본교는 교직원들이 모두 주님의 사랑과 열정을 가지고 학생들을 가르치고 섬기고 있습니다. 하나님이 세우신 학교의 명예를 드높이기 위해 교사들은 밤늦도록 수업준비와 현장실천 연구를 열심히 하여 여러 가지 부적응 행동이 있는 자폐범주성 학생들을 변화시키려고 노력하고 있습니다. 지난 12월에는 5명의 선생님들이 현장연구의 일환으로 시작한 통합미술활동 교육 내용을 책으로 만들었습니다.

통합 미술활동 3년간의 작품들을 모아 다른 학교, 특수교육교사와 학부모들에게 소개하기 위해 교육지도서 전문출판사에 의뢰하여 책으로 출판한 것입니다. 그 외 서울 초·중등 정서장애교육연구회의 직무연수와 다양한 원격연수를 통해 특수교사로서의 전문성을 높이기 위해 방학 중에도 지속적인 활동을 하고 있습니다.

그리고 본교에는 교사들의 수업활동을 돕는 30명의 특수교육보조원과 180여 명의 자원봉사자들이 있어 개별화교육을 통해 수업의 질을 높이고 있고, 생활지도와 현장체험학습을 안전함 속에서 다양하게 운영하고 있습니다. 많은 학부모들이 교사들의 신실한 마음과 정성에 감동받아 주님을 영접하고 신앙생활을 하기도 합니다.

본교의 교육활동에 대해 교육관련 기관으로부터도 여러 차례 인정을 받기도 하였습니다. 2001년에는 평생교육 우수학교로 서울특별시교육감 표창을 받았으며, 2008년에는 NEIS(교육행정 정보시스템)활용 우수기관으로 선정되어 교육과학기술부장관 표창을, 2010년에는 특수학교 평가 우수학교로 서울특별시교육감 표창을 받은 바 있습니다.

본교는 이러한 좋은 평가에 자만하지 않고 앞으로 더욱 겸손한 마음으로 하나님의 이름을 높이고 학생들이 행복하고 학부모들에게 신뢰를 받으며, 지역사회의 여러 기관들과 협력하여 명실공히 최고의 학교가 되도록 더욱 분발할 것입니다.

그동안 학교 발전을 위해 많은 관심과 기도를 해주신 모든 분들께 감사를 드리며, 이 모든 영광을 하나님께 올립니다.

- 2013년 2월호 -

나는 클라리넷 부는 멋쟁이

하트하트 윈드 오케스트라 단원, 정종현 군

2007년 2월 본교 고등학교를 졸업한 종현이는 우리학교의 자랑입니다. 초등학교 3학년 때 일반학교의 특수학급에 다니다가 밀알학교로 전학을 와서 중학교와 고등학교를 다닐 때부터 각종 체육대회에 출전하여 많은 상을 받았습니다. 그중에서도 2005년 나가노 동계 스페셜올림픽 스케이트 부분에서 금메달(2개)과 은메달(1개)을 땄으며, 2006년 중국 상하이 하계 스페셜올림픽에서는 수영부분에서 동메달을 받아 학교의 명예를 드높였습니다. 요즘도 매일 오후 6시 이후에 한 시간씩 집 근처 곰두리 체육센터에서 수영을 통해 체력관리를 하고 있습니다.

특히 종현이는 음악을 매우 좋아하고 재능도 있어 고등학교 3학년이던 2006년 3월에 창단된 하트하트 윈드 오케스트라(하트하트복지재단)의 단원으로 선발되었습니다. 지금까지 국내에서뿐만 아니라 해외의 초청공연을 여러 차례 다녀오기도 하였습니다. 2006년 12월, 건국대학교 병원에서의 첫 공연을 시작으로 매
년 정기 연주회와 국내 초청공연을 통해 그 실력을 유감없이 발휘하였고, 2008년 미국과 2009년 중국 공연에서는 관람자들의 기립박수를 받았습니다. 2011년과 2012년에는 대한민국 관악제에서 그 실력을 인정받아 다른 기관에서 발달장애인 오케스트라를 창단하게 만드는 기폭제 역할을 하였습니다.

올해로 27세가 되는 종현이는 그동안 직장생활도 잘 해오고 있습니다. 고등학교 3학년 때 전환교육의 현장실습을 통해 버거킹에서 처음 일하면서 성실성과 책임감, 남다른 의지를 인정받아 2년간 근로인으로 일했습니다. 그 후 1년 6개월간은 베니건스에서 주방보조 일을 하였고, 그 외 송파도서관 사서보조, 충현복지관 작업장 등에서 항상 밝은 모습으로 자기 할 일을 열심히 하여 직장 동료들의 귀감이 되고 있으며, 상사들로부터 여러 차례 칭찬을 받고 있습니다.

또한 종현이는 주말에 명성교회 사랑부(발달장애인 교회학교)에 등록하여 다양한 활동을  하고 있습니다. 토요일에는 '토요사랑학교'에서 사물놀이를 배우고, 주일에는 사랑부 예배와 성경공부, 야외캠프 등에도 적극적으로 참여하고 있습니다.

지금까지 종현이를 그림

자처럼 따라다니며 뒷바라지해온 어머니는 종현이가 4세 때 병원에서 자폐성장애로 진단을 받았을 때 "하늘이 무너지는 것 같은 심정이었다."고 회고하고 있습니다. 그러나 신앙이 있었기에 좌절하지 않고 오직 기도하면서 그 때부터 조기특수교육을 위해 여러 병원과 치료교육센터를 다녔습니다. 초등학교에 입학하고 나서도 개별 치료와 특수체육 등 많은 노력을 계속해 오면서 힘든 시기였지만 "그래도 우리 종현이가 이렇게 잘 자라준 것은 형을 비롯한 가족들의 배려와 밀알학교 선생님들, 악기를 지도해 준 교사들, 직장 동료들의 도움 덕분이며, 특히 교회에서 중보 기도해 준 많은 분들의 사랑과 격려가 있었기 때문'이라며 "마음속 깊이 항상 감사하다."고 담담히 이야기 합니다.

앞으로 도전하고 싶은 꿈은 "백석예술대학 클래식학부 클라리넷학과에 진학하여 좀 더 체계적인 음악 공부를 통해 전문 연주자로 성장하기를 바라며 기도하고 있다."고 합니다.

종현이의 이러한 꿈과 소망은 발달장애인 자녀를 가진 많은 부모님들의 바람이기도 합니다. 그 꿈이 실현되어 장애를 딛고 일어나 다른 사람들에게 꿈과 희망을 주는 종현이가 되기를 기대하며 우리 모두가 함께 기도와 관심을 갖기를 바랍니다.

— 2013년 3월호 —

현재 정종현 군은 국내 최초의 발달장애인 클라리넷연주단인
'드림위드 앙상블' 에서 전문연주자로 활동하고 있습니다.
www.dreamwith.or.kr

학교 보안관으로 일하는 기쁨과 감사가 있습니다

배움터지킴이, 임승춘 선생님의 인터뷰 내용 중에서

지적장애나 자폐성장애 학생들을 교육하는 특수학교에서는 특히 신학기에 학생들이 무단으로 학교를 벗어나는 교출(校出)사고를 예방하기 위해 많은 노력을 기울입니다. 그래서 담임교사는 매일 아침에 학생들이 등교하면 반갑게 인사를 함과 동시에 습관적으로 미아방지용 팔찌나 목걸이 형태의 인식표를 확인하게 됩니다. 만일 부모님이 인식표나 명찰을 달아주지 못했을 경우에는 간이 명찰이나 스티커 형 인식표를 항상 휴대하고 있다가 학생의 가슴이나 등 뒤에 달아주고 난 후 하루 일과를 시작합니다.

본교의 경우 '장애인 등에 대한 특수교육법'에서 규정한 학급당 학생정원(유치원 4명, 초등학교와 중학교는 6명, 고등학교, 전공과는 7명)보다 더

많은 학생들이 입급 되어 있으므로 교사 혼자서 많은 학생들을 교육하고 돌보는 일에 한계가 있습니다. 이러한 어려움을 극복하기 위해 학급마다 특수교육보조원과 자원봉사자들을 배치하여 교사의 교육활동과 생활지도를 도와주고 있어 요즘에는 거의 교출 사고가 발생하지 않고 있습니다.

또한 작년 3월부터 학교 내 외부인 출입 통제와 학생들의 안전을 돌보기 위해 서울특별시교육청에서 배움터지킴이(학교보안관) 제도를 만들어 1명의 인력을 지원해주어 많은 도움이 되고 있습니다. 특히 본교에 근무하는 임승춘 선생님은 서울시내 일반 고등학교 교감으로 정년퇴임하였고, 특수학교에서 5년간 근무한 경력이 있기 때문에 장애 학생과 부모님들을 잘 이해하고 학생들의 생활지도와 안전을 위해 적극적으로 노력하고 있습니다. 올해 초에 재계약을 할 때 "특수학교에서 일하는 것이 힘들지 않으십니까?"라고 여쭈어 보니 "이렇게 좋은 학교에서 학교 보안관으로 일할 수 있어 오히려 감사합니다."라고 겸손하게 말씀하셨습니다.

그래도 만일의 사태를 대비하여 학교에서는 교직원 비상탐색조를 조직하여 운영하고 있습니다. 교사가 교내에서 교육활동을 하다가 잠시 학생의 모습이 보이지 않으면 즉시 교무실로 연락하여 학교방송을 요청합니다. 그러면 모든 교직원들이 주변 화장실이나 특별실을 둘러보고 그 학생을 찾습니다. 그런데 만일 학교에서 발견되지 않으면 학생이 학교 밖으로 나갔다고 판단하고, 수업 중인 교사를 제외한 모든 교사들이 학기 초에 편성한 탐색조 활동 지침에 따라 각 팀별로 학교 주변 지역으로 흩어져서 찾아 나섭니다.

그와 동시에 182(경찰청 실종아동찾기센터)로 전화하여 미아신고를 하고, 학교 현관과

경비실 쪽 CCTV 화면을 검색하여 몇 시 몇 분에
어느 방향으로 나갔는지를 확인합니다. 또한 학생이
대중교통을 이용할 수도 있으므로 본교에서 가장
가까운 일원역의 출입구와 승강장 CCTV를 확인하여
학생의 출입 상황을 자세히 알아보는 일도 중요한

과정입니다. 학생의 동선이 확인되면 팀을 재편성하여 그 쪽으로 많은 교직원들을 배치
하고, 학생의 얼굴과 신상 정보가 적힌 전단지를 제작하여 각 전철역 매표소와 버스 승강
장 노선표 등에 붙여 주민들이 학생을 관찰한 상황에 대해 제보해주기를 기다립니다.

 더구나 현장학습이나 생활훈련, 캠프 등 야외활동을 하는 중에 미아가 발생하게 되면
모든 활동을 중단하고, 나머지 학생을 안전하게 관리하면서 학교로 급히 연락하여 다른
교직원의 지원을 요청합니다.

 사실 이러한 교출 사건이 생기면 담임교사나 지도교사는 학생을 찾기까지 가슴을 졸이는
불안한 마음이 됩니다. 물론 부모님에게도 연락하여 이 상황을 자세히 알리고 학생 탐색에
필요한 정보를 구하고, 혹시 학생의 인식표에 적힌 연락처로 전화가 올 수 있기 때문에
가정에 누군가가 대기하도록 부탁을 합니다.

 발달장애 학생을 교육하는 교사들은 특수교육 전공자의 자부심과 나름대로의 사명감
으로 일하고 있지만 한 번씩 이러한 교출 사고를 접할 때마다 긴장과 온갖 염려로 신경이
곤두서고 많은 스트레스를 받습니다. 그래서 모든 교직원들이 한 달에 한 번씩 오후에
스포츠 활동이나 악기 연주, 영화 감상 등을 통해 쌓인 스트레스를 풀 수 있도록 동호
회를 조직하여 운영하고 있습니다. 동료 교직원이 어려울 때 서로 격려해주고 좋은 일이
있을 때 함께 기뻐하며 축하해 주는 아름다운 행복공동체, 이것이 우리 밀알학교의 자랑
입니다.

- 2013년 4월호 -

밀알학교 봉사는 오히려 내 삶에 힐링이 됩니다

월요 도예교실에 참여하는 자원봉사자들

매주 월요일 오전 10시. 본교 본관 지하 1층 엘리베이터 옆에 자리 잡은 도예실에는 중년의 주부 7~8명이 바쁜 손놀림과 함께 이야기꽃을 피우며 작업하고 있습니다. 이들은 월요 도예교실 자원봉사자들입니다. 도예수업은 다른 직업 수업보다 학생들에게 손길이 많이 필요합니다. 그래서 어느 정도 기능을 갖춘 자원봉사자가 있어야 합니다. 도예 수업 시간에 잘 훈련된 보조 인력을 지속적으로 확보하기 위해 4년 전 월요도예교실을 취미 강좌로 개설하였습니다.

처음에는 본교 학부모를 대상으로 시작하였으나 점차 참여 범위를 확대하여 남서울은

혜교회 성도들에게도 기회를 주게 되었고, 지금 현재 회원 수는 약 20여 명에 이르고 있습니다. 더 많은 사람들이 도예교실에 참여하고 싶어하지만 도예실의 공간적인 제약이 있어 격주로 나누어 도예 담당 교사가 지도하고 있습니다.

이들은 기본적으로 1학기 이상의 도예교실 강좌에서 흙을 다루는 기술에서부터 판법과 코일링 기법을 통한 작품 제작, 그리고 남은 흙을 재가공하는 방법까지 배워서 도예 수업에서 교사를 도와 학생들을 지도하게 됩니다. 그래서 일상적으로 학급에 배치되어 학생들의 교수학습 지도와 생활지도를 도와주고 있는 일반 자원봉사자들에 비해 도예 수업을 지원하는 자원봉사자들은 나름대로 전문성과 더 높은 자부심을 갖고 있습니다.

특히 도예교실 참여 자원봉사자들은 작년에 '꿈이 있는 가게' 학부모회에서 주관한 '밀알 바자회'에 출품할 작품을 만들기도 하고, 연말에 자원봉사자들의 감사 선물로 사용할 수저받침대도 만들었습니다. 그 때에는 주 3일 이상 오후 늦은 시간까지 남아 작업을 계속하였습니다. 그러한 힘든 작업을 하면서도 자원봉사자들의 얼굴에는 미소가 담겨 있었고, 서로를 섬기는 마음으로 간식을 준비해오는 등 밝고 활기찬 모습들을 볼 때 봉사하는 것이 몸에 배여 있고 그 자체를 즐기는 것 같았습니다.

성남에 살면서 4년 동안 거의 빠지지 않고 매주 도예교실 자원봉사 활동에 참여하고

있는 조계연 선생님은 "처음에는 내가 발달장애 학생들을 도와준다고 생각했어요. 그러나 밀알학교에 봉사하러 오면서 느끼는 것은 이제는 1주일에 한 번씩 제 삶에 지치고 힘든 부분을 치료하러 오는 기분입니다."라고 이야기합니다.

이처럼 본교에서 자원봉사를 하고 있는 많은 분들이 자신의 시간과 재능을 기부하며 노력하는 이 일이 헌신이라기보다 자신의 삶의 질을 높이고 행복을 가꾸어가는 생활의 일부로 여기고 있습니다.

행복 바이러스를 발산하고 있는 도예교실 자원봉사자들로 인해 밀알학교 학생들과 학부모, 그리고 교직원들은 기쁨과 감사로 그 행복을 함께 누리고 있습니다.

- 2013년 5월호 -

밀알! 밀알!! 화이팅!!

서울시 특수학교 교직원 체육대회 참가

지난 4월 26일(금) 서울정인학교 체육관에서 제35회 서울시 특수학교 교직원 체육대회 C조 배구경기가 열렸습니다. 우리학교는 성베드로, 한국구화, 서울정인, 서울정민학교 등 5개 학교와 풀리그로 시합하였습니다. 성베드로학교와 같이 3승 1패의 성적을 거두었으나 세트 득실에서 뒤져 2위를 차지하였습니다. 그러나 우승팀 성베드로학교를 마지막 경기에서 2:1로 이겨 모든 교직원들이 승리의 감격을 만끽하며 정말 흥겨운 시간을 보냈습니다.

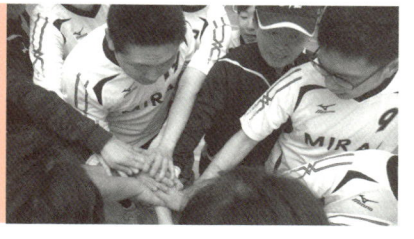

체육대회 종목은 한때, 배구 외에 단체 줄넘기, 탁구, 남녀 계주 등이 포함된 적이 있었습니다. 하지만 무리한 연습과정과 당일 시합 중에 부상자가 속출하여 10여 년 전부터는 배구만 지정하여 운영되고 있습니다. 배구 경기는 9인제로 진행되며, 남자 6명과 여자 3명으로 팀을 구성하도록 규정하고 있습니다. 공정한 경기 운영을 위해 당일에는 서울시 배구협회의 협조를 얻어 배구심판 자격을 가진 분이 파견되어 진행을 도와주었습니다.

2001년 이전까지는 강팀으로 분류된 몇몇 학교를 시드 배정하고 나머지 참여 희망학교는 당일 아침에 추첨하여 먼저 예선경기를 진행하고, 8강부터는 토너먼트 방식으로 최종 결승전을 치렀습니다. 그러다가 체육대회에 모든 학교가 참여하도록 유도하기 위해 2003년부터는 서울시 특수학교 교장회 주최로 29개 특수학교를 무작위로 추첨하여 6개 학교씩 풀리그로 배구경기를 진행하였습니다. 그리고 결과에 따라 1위 팀은 A조, 2위는 B조, 3위는 C조, 4위는 D조, 5위는 E조, 그리고 유치원 특수학교는 F조로 편성하였습니다. 그 이듬해부터는 각 조별로 시합을 하여 1위 팀은 상위 조로 승급을 하고 최하위(5위) 팀은 다음 조로 강등(?)되는 방식으로 체육대회를 운영하고 있습니다.

사실 이 교직원 체육대회는 특수교육 현장에서 장애학생들을 지도하는 교직원들이 한자리에 모여 상호 정보 교환과 체력증진을 도모하는 친목 모임의 성격을 갖고 있습니다. 그럼에도 불구하고 일부 학교에서는 승부에 집착하여 교직원들이 매일 방과 후에 무리하게 연습을 하거나 다른 학교와 연습 게임을 하기도 하고, 때로는 배구에 재능이 있는 체육특기자를 기간제 교사로 채용하는 경우도 있었습니다. 물론 학교의 명예를 걸고 경기에 임하는 만큼 모두가 단합하여 승리를 위해 노력하는 것은 당연하며, 게임에서 이겼을 때는 기분이 더 좋습니다.

본교도 개교 초기에는 체육대회에서 승리하기 위해 모든 교사에게 연습에 적극적으로 참여하게 하였습니다. 또 실력을 향상시키기 위해 일정 기간 코치를 불러 훈련한 적도

있었습니다. 그래서 한때 A조에 편입되기도 했지만 교사들이 체육대회 결과에 민감한 나머지, 당일 모든 교직원들이 함께 즐기는 축제 분위기를 흐리기도 하였습니다. 그래서 몇 년 전부터는 생활체육부장 주관 하에 운동을 좋아하는 교직원들을 중심으로 팀을 구성하고, 사전 연습도 격일로 진행하는 등 자발적으로 배구 훈련에 참여하게 하고 있습니다.

그리고 연습하는 선수들의 간식을 각 과정별로 한 주간씩 돌아가면서 준비하게 함으로써 체육대회 준비과정에 선수뿐만 아니라 다른 동료들도 함께 동참하여 서로를 격려하도록 하고 있습니다. 이러한 봉사와 섬김, 나눔의 정신이 바로 밀알공동체의 강한 힘이며 자긍심이 되고 있습니다. 그래서인지 우리 팀은 그동안 체육대회 성적이 항상 상위권에 속하였습니다. 작년의 경우 주전 선수가 수술로 인해 참여하지 못하여 B조에서 C조로 내려왔지만 시합을 하는 내내 모든 교직원이 한마음이 되어, 열심히 뛰는 선수들의 이름을 외치며 응원하는 모습은 정말 보기 좋았습니다.

대회가 끝나고 주어진 여건에서 최선을 다했으므로, 그 결과에 승복하고 다시 내년에 더 좋은 성적을 기대하며 교직원들이 모두 함께 손을 잡고 크게 화이팅을 외쳤습니다.

"밀알! 밀알! 파이팅!"

- 2013년 6월호 -

행복이야기

37

꼭꼭 눌러 쓴 **행복**

121

맛있고 아름다운
커피를 열심히 만듭니다

사회적기업, '커피지아'에서 일하는
인석이와 재한이의 꿈 이야기

본교에서 그리 멀지 않은 강남구 논현동에 신선하고 맛있는 커피를 만들어내는 로스팅 업체인 '커피지아'가 있습니다. 이 회사는 "커피는 맛있어야 합니다."라는 경영철학을 가지고, 유기농 커피만을 취급하고 있으며, 특히 발달장애인의 재활을 지원하는 착한 기업이 되는 것이 목표입니다.

2011년 9월에 창립된 커피지아는 대표부터 직원까지 모두 20대 초·중반의 젊은 직원들로 구성되어 있습니다. 작년 6월부터 본교 졸업생 2명을 고용하여 비장애인과 함께 일할 수 있는 기회를 제공하고 있습니다. 이인석 군과 문재한 군이 이곳에서 일할 수 있게 된 인연은 특별합니다. 당시 본교에서 특수교육보조원으로 근무하던 선생님이 친구가 경영하는 공장에 놀러 가서 커피를 가공하는 과정을 유심히 보았습니다. "우리 학교 학생들도 잘 할 수 있을 것 같다."며 실습을 제안한 것이 계기가 되었습니다. 그래서

작년 5월 중순, 전환교육부장과 담임교사가 고등학교 3학년 학생들을 직무 분석한 자료를 바탕으로 커피지아에서 일할 수 있는 위 두 학생을 선발하였습니다. 학창시절부터 장애인 시설이나 복지시설에서 봉사활동을 많이 해왔던 김희수 대표의 특별한 배려와 자상하면서도 엄격한 지도 덕분에 1개월의 실습을 무사히 마치고 부모의 동의하에 6월 중순에 정식 고용계약을 하게 되었습니다.

사실 김희수 대표는 친구의 제안으로 우리 학생들에게 실습할 기회를 주기로 결정하였지만 자폐성 장애인에 대해 잘 알지 못하여 막연한 걱정이 앞섰다고 했습니다. 실제로 실습 초기에 반복되는 실수들이 있었을 때 그것을 바로잡기 위해 어떻게 설명해야 할지 잘 몰라 막막한 적도 있었다고 했습니다. 그러나 두 실습생은 생각했던 것보다 빨리 일하는 순서와 방법을 익혀 나갔고, 다른 직원들보다도 일하는 것을 즐거워하고 성실히 노력하는 모습에서 가능성을 엿볼 수 있었다고 했습니다. 그리고 무엇보다 실습생 부모님들의 기대감과 담임교사들의 열정에 감동을 받아 이들의 채용을 결심하게 되었다고 했습니다.

이들의 취업을 누구보다도 기뻐한 사람은 바로 부모님입니다. 이인석 군의 어머니는 "인석이가 지난 1년간 결근 한 번 없이 커피지아에 출근하여 열심히 일할 수 있게 된 것은 모두 밀알학교 선생님들의 지도 덕분이라고 생각합니다. 그리고 회사 사장님과 동료들의 많은 격려와 배려로 이렇게 취업하게 되어 정말 대견하고 자랑스럽습니다."라고 말씀하셨습니다. 인석이가 어릴 때는 정말 힘든 아이였다고 하셨습니다. 일반학교 특수학급에 입학하였지만 교사나 다른 친구들과의 상호작용이 거의 이루어지지 않아 중학교 1학년 때 밀알학교로 전학을 왔습니다. 본교에 입학하고부터 정서가 많이 안정되었습니다. 그래서 인석이는 학교생활을 즐거워하여 매년 개근상을 받았으며, 운동부에서 육상과 인라인 선수로 활동하였고, 특히 고등학교 때에는 직업실습으로 학교 식당 일을 돕거나 교내 요한 카페에서 바리스타 훈련을 받았습니다.

한편 커피지아는 두 명의 발달장애인을 고용하면서 직원 모두가 장애인의 재활복지에 대해 많은 관심을 갖게 되었습니다. 김희수 대표는 앞으로 더 많은 장애인을 고용하고 이들이 지역사회에서 당당한 직업인으로 살아가도록 하는 마음에서 기업 설립 목적을 영리추구만 하는 것이 아니라 사회의 문제 해결에도 도움을 주기로 하였습니다. 그래서 '사회적기업'으로 변환하기 위해 도전한 결과, 올해 6월에 〈서울형 예비 사회적기업〉으로 인정을 받았습니다.

앞으로 커피지아가 꿈꾸는 기업 이념이 잘 구현되어 많은 장애인들이 이곳에서 함께 일하면서 '맛있고 아름다운 커피'를 만들어 낼 수 있도록 많은 분들의 관심과 협력을 바랍니다.

― 2013년 8월호 ―

〈 커피지아 〉
주소 : 서울시 강남구 논현로 8길 25 송정빌딩 101호
연락처 : 070-8254-1910, 010-9915-1910 (김희수 대표)

밀알학교 행복 이야기
124

'자선이 아닌, 기회'를 나누는 현장, 굿윌스토어

● 본교 졸업생들의 직업적 자립과 사회통합을 이루는 선한 일터

행복이야기 38

　발달장애학생을 교육하는 교사나 장애 자녀를 가진 부모들의 공통된 소망은 이들이 졸업 후 지역사회에서 일반인들과 더불어 살아갈 수 있는 터전이 다양하게 마련되는 것입니다. 하지만 지금까지 특수학교 졸업생들의 대부분은 장애인 보호작업장이나 주간보호센터, 장애인 생활시설 등에서 지역사회와 격리된 보호환경에서 외로움과 소외된 삶을 살고 있습니다.
　선한 일터 '굿윌스토어(Goodwill store)'는 이러한 시설 복지의 패러다임에서 벗어나

장애인과 비장애인이 함께 하는 사회통합을 목표로 다양한 일자리를 제공하고 있습니다. 직업재활의 새로운 형태로 자리매김하면서 본교 학생들과 부모들이 가장 선호하는 일터가 되었습니다.

최초의 굿윌스토어는 미국의 감리교 목사인 헬름(Edger J. Helms) 박사가 보스톤 이민자들과 빈민자들에게 '자선이 아닌, 기회'를 나누고자 기증물품을 수선하여 저렴한 가격에 판매하는 일자리를 제공하면서 시작되었습니다. 그 후 1998년 굿윌인터내셔널이 출범하였고, '사람(people)', '환경(planet)', '이익(profit)'을 생각하는 비영리 사회적기업의 모델이 되었습니다. 현재 미국, 캐나다 등 13개 나라에서 2,400여 개의 스토어를 운영하여 장애인 및 사회적 취약계층에게 10만 여 개의 일자리를 제공하고 있습니다.

한국 굿윌은 2003년 강영우 박사의 소개와 부산 호산나교회의 후원으로 1호 굿윌스토어가 부산에 개점하였습니다. 이후 서울의 양천, 송파, 가든파이브, 수원 등 6개 매장에서 장애인에게 일자리를 제공해 장애인의 자립을 돕고 있습니다. 2011년 2월, 평소 발달장애인의 교육과 직업재활에 깊은 관심을 가지고 있던 홍정길 목사님의 지원에 힘입어 한국 굿윌을 총괄하기 위해 '함께하는재단'이 설립되었습니다. 이를 통해 굿윌인터내셔널과 한국 굿윌이 라이센스 계약을 체결함으로써 보다 안정적이고 장기적인 사업 추진이 가능하게 되었습니다.

이러한 흐름에 발맞추어 2011년 5월 밀알복지재단에서 서울특별시와 협력하여 장애인 다수(多數) 고용 직업재활시설인 '굿윌스토어 송파점'을 거점하였습니다. 현재 53명의 발달장애인들이 기증물품의 수거와 분류작업, 수선 및 상품화 작업과 진열 등 다양한 일에 종사하고 있습니다. 이곳에는 본교 졸업생 5명도 실습생 과정을 거쳐 현재 근로 작업인으로 일하고 있습니다. 이들은 1층 매장 내 카페에서 바리스타로 근무하고 있습니다. 본교 졸업생 중 관태는 교내의 요한카페에서 1년간의 경험을 바탕으로 주문에서부터 커피를 만드는 솜씨가 매우 능숙하여 손님의 반응이 좋다고 합니다. 가끔 굿윌스토어에 물건을 사러 가보면 매장관리를 하는 형우가 항상 반갑게 인사를 하고, 2층 수선실에서는 세탁한 옷을 다림질하는 하승이와 물품 진열을 준비하는 순평이와 중섭이의 의젓한 모습과 땀 맺힌 얼굴을 보면서 특수교육자로서의 기쁨과 자부심을 느낍니다.

그동안 굿윌 송파점이 정직과 투명성, 대기업 경영기법을 도입하여 괄목할 만한 성과를 내게 되자 서울특별시와 보건복지부가 함께 투자하여 올해 2월에 '굿윌 도봉점'을 개설하여 현재 36명의 발달장애인들이 최저임금 이상의 대우를 받으며 일하는 즐거움과 삶의 기쁨을 누리고 있습니다.

한국 굿윌사업을 총괄하는 함께하는재단은 이처럼 장애인과 사회적 취약계층(다문화가정, 북한이탈주민 등)에게 일자리 제공과 안정된 소득을 보장하여 더불어 사는 사회를 만들기 위해 '함재보호작업장'과 '양천굿윌직업재활센터', '그룹홈'을 운영하고 있습니다. 앞으로 지방자치단체와 기업, 교회 등과 협력하여 100개점 이상의 굿윌스토어에서 3,000여 명의 일자리를 창출하려는 목표를 세우고 있습니다.

굿윌사업에 동참하는 개인이나 기관 단체, 기업은 바로 지역사회에 기증과 나눔의 문화를 만들어 가는 주체이며, 동시에 중고품 재활용으로 환경보호 운동에도 앞장서는 귀한 일을 하고 있는 것입니다. 행복은 함께 나누면 함께 누릴 수 있기에 아름답고 선한 굿윌 사업에 더 많은 분들이 참여하기를 바랍니다.

― 2013년 10월호 ―

기증문의 전화 : 1644-9191
함께하는재단(www.togethergoodwill.org) : 서울시 송파구 문정동 80-1 3층

교실보다 더 편안한 곳, 언제든지 가고 싶은 곳, 보건실

본교 학생과 교직원들의
건강 생활을 지원하는 보건선생님 이야기

본교에는 어릴 때부터 병원 진료를 받거나 재활치료를 하기 위해 정기적으로 병원에 다니는 학생들이 많습니다. 학생들은 병원에서 힘들었던 기억들로 인해 의사나 간호사 복장을 한 사람을 보면 겁을 먹고 잔뜩 긴장합니다.

학교에서 실시하는 정기적인 건강 검진이나 각종 예방접종 전에 이완훈련, 자기통제 훈련, 둔감화 훈련 등을 충분히 받아도 막상 의사나 간호사를 만나면 강하게 거부하는 학생들이 있습니다. 그럴 경우 몇 차례 달래며 기다려보지만 협조가 잘 안 될 때가 있고 심지어 남자 선생님들의 도움을 받아 매트에 눕혀서 혈액검사나 예방주사를 맞히기도 합니다. 그러나 초등학교 때 한두 번 이러한 모험을 하면 점차로 검진에 대한 두려움에서 벗어나 고통을 잘 참아내는 학생들이 늘어납니다.

학생들의 이러한 병원 공포감을 극복하는 데 큰 역할을 하고 있는 곳이 바로 학교 보건실입니다. 본교 보건선생님은 학교에 오시기 전에 진료소의 간호사로 근무하신 경력이 있어 학생들의 신체적, 정서적, 정신적 상태를 재빨리 파악하십니다. 그래서 학생들이 최대한 안전하고 편안하게 검진이나 예방

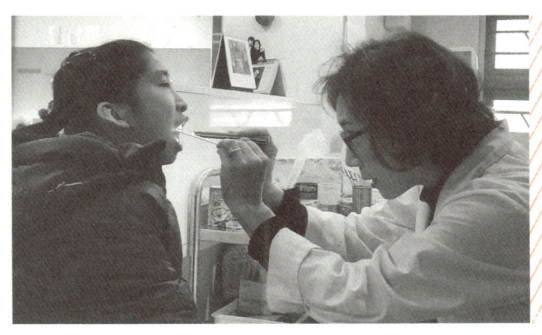

접종을 받을 수 있도록 진행하십니다. 뿐만 아니라 학교 내에서 안전사고가 발생하면 신속하고 능숙하게 응급처치를 하고 평소 학생 건강 관련 정보 및 감염병에 대한 정보를 교사들에게 미리 제공하여 사고 전후 적절히 대응할 수 있도록 돕고 있습니다.

학생들이 몸에 상처가 나거나 감기 기운이 있어 보건실로 가면 친절하게 대해주고 정성껏 치료를 해주시니 어떤 학생은 건강상 별다른 이상이 없는데도 매일 보건실을 찾아와 보건 선생님에게 팔을 내밀며 처치를 해달라고 떼를 쓰기도 합니다. 우리 학생들은 보건실에서 눈에 보이는 상처를 치료받기보다 보건선생님의 따뜻한 사랑에 마음의 안정을 얻고 있습니다.

보건 선생님은 이러한 진료 이외에도 올해는 중학교 학생들에게 건강한 몸 관리와 성교육 관련 수업을 학급별로 한 시간씩 지도해 주고 있습니다. 보건 선생님은 학생들의 흥미를 끄는 동영상과 다양한 학습 자료를 준비하여 학생들이 수업에 더욱 집중하도록 유도합니다.

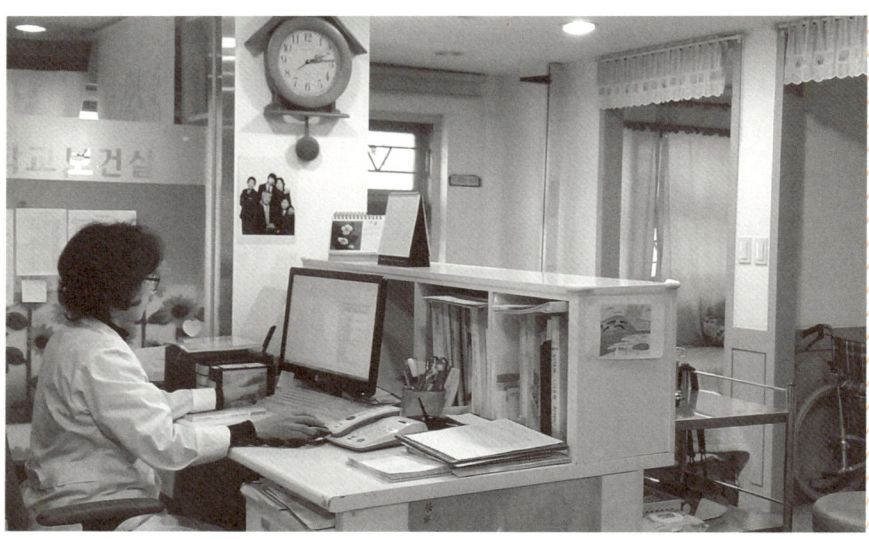

그리고 간질이나 당뇨, 과다행동 등으로 약을 먹는 학생들과 아토피, 알러지, 비만 또는 허약 체질로 인해 일상적인 생활 관리가 필요한 학생들을 전체적으로 파악하여 교직원들에게 정보를 공유해주고 있습니다. 학부모들에게는 학교의 보건활동 관련 내용과 부모들이 꼭 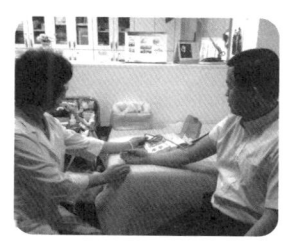 알아야 할 건강관리 정보를 보건소식지로 보내고 있습니다. 보건소식지는 유익한 정보가 많아 학부모들 사이에 인기가 매우 높습니다. 격월이 아니라 매월 받아보고 싶다는 학부모들이 있을 정도입니다. 특히 사춘기 자녀를 가진 어머님들이 성교육 관련 상담을 요청하면 보건실 내에 설치된 상담실에서 개별 상담을 해주기도 합니다.

한편 서울특별시 교육청 요청으로 교직원을 대상으로 정기적인 응급처치 연수와 성희롱 예방교육 등을 하고 있습니다. 매년 교직원 건강검진을 위히 병의원을 섭외하고, 수시로 찾아오는 교사와 보조원, 자원봉사자들의 건강 상담과 처치를 감당합니다. 막중한 책임과 과다한 업무로 지칠 만도 하지만 오히려 학생들을 지도하느라 지친 선생님들에게 힘을 북돋아주려고 노력하는 모습이 나이팅게일을 연상하게 합니다.

보건 선생님은 현재 남서울은혜교회 권사로 섬기고 있는데 장애사역위원회 아만나부에서 설립 초기부터 지금까지 봉사하고 있습니다. 또한 본교 개교 초기에는 교회 의료선교회팀과 연합하여 평일에 병원 접근이 어려운 장애인과 노인들을 위해 주일에 보건실을 개방하고 의료적 처치를 지원하는 등 소외된 이웃을 돌보는 일을 하기도 하였습니다.

학생들을 사랑하고 교직원들을 위해 기도하며, 일상생활 속에서 항상 주님을 증거하는 보건 선생님으로 인해 우리 학교는 건강한 행복공동체가 되고 있습니다.

- 2013년 11월호 -

밀알학교 행복 이야기

농작물을 가꾸고 수확하는
즐거움이 있어요

밀알농장에서 자연의 신비함과
풍성함을 배우는 학생들

밀알학교 본관 건물 뒤편에 400여 평의 밭이 있습니다. 우리는 이곳을 '밀알농장'이라 부릅니다. 이 농장은 8년 전 남서울은혜교회에서 본교 학생들이 작물재배 실습 장소로 사용할 수 있도록 매입해 준 것입니다.

해마다 이른 봄이 되면 농장 근처에서 농사를 짓는 분의 도움을 받아 밭 전체에 퇴비를 넣고 트랙터로 갈아엎습니다. 잘 정돈된 밭에 고랑을 만들고 비닐을 씌워 학생들이 손쉽게 농사를 지을 수 있도록 준비를 합니다.

그리고 밀알농장 업무 담당자는 중·고등학교 작물재배반과 원예부에서 사용할 땅을 미리 확보해 놓고, 나머지는 각 과정별, 또는  학급별로 신청을 받아 각 고랑을 배정합니다. 3월 한 달 동안 신학기 적응활동이 끝나면 4월부터 배정받은 학급에서는 학생들과 함께 농장을 둘러보고 여러 가지 채소(오이, 토마토, 가지, 고추, 옥수수, 상추, 쑥갓 등)의 모종을 사서 밭에 심습니다.

그 후 선생님들은 매주 정해진 수업(작업)시간에 학생을 인솔하여 농장으로 가서 물도 주고 잡초를 제거하면서 채소가 자라는 모습을 관찰하고 정성껏 가꿉니다. 상추와 쑥갓 등 잎채소는 물만 주면 금방 쑥쑥 자랍니다. 오이와 토마토, 가지는 예쁜 꽃을 피워 아름다움을 뽐내고 어느새 열매를 맺습니다. 이러한 농작물의 성장과정을 지켜보면서 학생들은 자연의 신비함과 풍성함, 감사함을 몸으로 익히게 됩니다.

발달장애 학생들이 이러한 농작물이나 꽃을 재배하는 과정을 통해 정서적 안정과 표현력의 발달을 가져올 수 있다고 하여 흔히 '원예치료' 기법을 적용하는 치료사들도 있습니다. 사실 본교에 재학하는 대부분의 학생들은 자폐 스펙트럼장애를 갖고 있습니다. 이들은 외부로부터의 감각을 잘 받아들이지 못하는데 특히 촉각에 민감한 경우가 많습니다. 그래서 맨손으로 흙을 만지는 일을 매우 싫어합니다. 고구마를 캘 때 장갑을 끼게 하는 것도 이러한 '촉각 방어반응'을 감소시키기 위한 방편입니다. 그런데 어떤 학생들은 고구마나 감자를 캘 때 흙 속에서 구근의 일부가 보이면 얼른 그것을 꺼내고 싶어 장갑을 벗고 맨손으로 고구마를 만지는 경우도 있습니다.

한편 학교 선생님들 중에도 농사를 처음 접하는 분들이 많습니다. 모종을 언제 구입하여 어떻게 심고 물을 얼마만큼 주며, 지지대(支持臺)대는 어느 정도 거리를 두고 세워주어야 하는지 잘 몰라 인터넷에서 그 정보를 찾기도 합니다. 한 해 작물을 재배하면서 즐거움을 맛본 선생님들은 매년 분양을 받아 농사를 짓습니다. 그런 의미에서 밀알농장은 우리 학생들뿐만 아니라 선생님들에게도 농사 체험의 좋은 장이 되고 있습니다.

고등학교 작물 재배반에서는 매년 여름과 가을에 고구마와 무, 배추를 심습니다. 특히 작년에는 학부모회에서 주관하는 '나눔 바자회' 때 학생들이 재배한 고구마와 무, 배추를 판매하였는데 친환경 농산물이라 학부모들에게 매우 인기가 높았습니다. 판매하는 학생들은 선생님과 부모님들이 즐거운 마음으로 농산물을 사니 덩달아 기분이 좋았습니다.

3년 전부터는 남서울은혜교회 샬롬부(65세 이상 어르신들의 예배공동체) 어르신들도 밭의 일부를 분양받아 매주 금요일 오전 예배 후에 농장으로 오셔서 채소 등을 가꾸고 있습니다. 밀알 농장에서 학생들을 만나면 머리를 쓰다듬어 주시고, 때로는 선생님들이 가르치는 대로 따라하지 못하는 학생들의 모습을 보고 안타까워하시기도 합니다. 그래도 서투른 동작이지만 물뿌리개로 물을 주고 농작물을 정성껏 돌보는 학생들을 대견하게 여기며, 교사들에게도 "선생님들이 수고가 많으시네요."라고 격려를 아끼지 않습니다.

비록 밀알농장은 학교의 건물 크기에 비해 작은 공간이지만 학생들에게 생명의 소중함과 신비함을 자연스럽게 배우고 익히는 학습을 하는 데 유익한 장소입니다. 앞으로는 온실을 잘 활용하여 더욱 다양한 종류의 원예 작물을 재배하려고 합니다. 그래서 학생들이 교실에서의 학습활동뿐만 아니라 실외에서 땀을 흘리며 일하는 기쁨을 맛보고 식물이 자라듯이 함께 성장하기를 기대해봅니다.

나는 심었고 아볼로는 물을 주었으되 오직 하나님은 자라나게 하셨나니
(고린도전서 3장6절)

- 2013년 12월호 -

당신은 밀알의 충성된 일꾼입니다

학교버스 운전원, 공상영 선생님

만세 전부터 하나님의 택정함을 입고 태어났으니
당신은 하나님의 사람입니다.

가족들을 사랑으로 보살피고 이끌어 온
당신은 가정의 믿음직한 가장입니다.

학교에서 장애학생들을 안전하게 통학시키며
궂은 일 마다하지 않고 열심히 땀 흘리는
당신은 밀알의 충성된 일꾼입니다.

마을에서 자율방범대원으로 교통안전요원으로
이웃을 내 몸과 같이 섬기는
당신은 지역의 소중한 파수꾼입니다.

이곳 네팔 연수에서 맡은 일에 최선을 다하며
항상 남을 먼저 배려하고 도와주는
당신은 하나님이 보낸 숨은 천사입니다.

그러므로 하나님은
당신을 착하고 충성된 종이라 칭찬할 것이요
우리는 당신으로 인해 행복합니다.

이 시는 필자가 2009년 8월, 본교 교직원들과 함께 네팔 밀알학교의 교육활동 지원 연수를 갔을 때 생일을 맞이한 공상영 선생님을 생각하여 지은 시입니다.

위의 시 내용처럼 공상영 선생님은 1997년 본교 개교 때부터 지금까지 학교버스 운전원으로 근무하면서 시간이 날 때마다 학교의 궂은일을 자청하여 묵묵히 감당해오고 있습니다. 특히 학교와 남서울은혜교회에서 나오는 각종 쓰레기나 재활용품 등을 매주 개인이 소유한 봉고 트럭에 실어 폐기물 처리를 해주고 있습니다. 또한 학교 본관 뒤편의 밀알농장에 학생들이 농작물을 심고 가꿀 수 있도록 봄에 밭을 갈고 정리하는 일을 해마다 담당하고 있으며 틈틈이 선생님들의 농사일을 거들어주기도 합니다. 그리고 손수 심은 채소를 수확

하여 점심시간에 교직원들에게 대접하여 풍성한 식탁을 선물하시곤 합니다.

전체 교직원 행사나 근무시간 이후에 학교버스 운행이 필요한 경우에도 공 선생님은 흔쾌히 운전을 해주십니다. 그 모습에서 남을 섬기고 봉사하는 습관이 몸에 배어 있는 듯합니다.

지난 2009년 여름방학 때에는 네팔 밀알학교 교육활동을 돕는 해외연수(단기선교)에 사모님과 함께 자원하여 참여하였습니다. 잔디 운동장의 잡초 제거와 진입로 정비 등 힘든 노력봉사를 맡아 주었습니다. 농촌 출신의 그 타고난 우직함과 부지런함, 그리고 해맑은 웃음이 언어가 다른 네팔 밀알학교 교사들과 학생들에게도 전달되어 모두 공 선생님을 따르고 좋아하였습니다.

공 선생님과 같은 많은 충성된 일꾼으로 인해 앞으로 밀알학교는 더욱 아름답고 훈훈한 정이 넘치는 정말 멋진 학교로 계속 성장하고 발전해 나갈 것이라 기대합니다.

- 2014년 1월호 -

통일이 되어 한반도 우리 강산을 마음껏 여행하고 싶어요

전국 지적장애인 자기권리주장대회 은상을
수상한 양경민 학생의 소망

"교감선생님! 금강산 관광이 빨리 재개되었으면 좋겠습니다."

본교 고등학교 3학년 양경민 학생이 등굣길에서 나를 만나면 자주 건네는 인사말입니다. 경민이의 꿈은 여행가이드입니다. 경민이는 전국의 주요 관광지의 지명을 대면 그 곳의 볼거리와 먹거리를 알려줄 만큼 많은 정보를 알고 있습니다. 우리나라뿐만 아니라 세계의 지리와 역사에 대해서도 관심을 갖고 꾸준히 공부하며 자신의 꿈을 키우고 있습니다.

특히 북한 지역의 관광지에 관해서는 자주 인터넷을 검색하여 최근 정보들을 접하고 있으며 저에게 그 정보들을 자세히 설명해 줍니다. 게다가 북한의 정치적 변화 상황에 대해서도 정확하게 알고 있으며, 가끔 "북한이 핵실험을 하지 않도록 막아야 합니다."라며 걱정하는 모습을 보입니다.

경민이가 이처럼 매스컴을 통해 수집한 정보를 바탕으로 자신의 생각을 다른 사람에게 전하려는 의지가 강한 장점이 있어 담임선생님께 지적장애인 자기권리주장대회에 참여할 것을 권유했습니다. 이 대회는 한국지적장애인복지협회에서 지적장애인의 권리옹호와 자기표현능력을 향상시키기 위해 7년 전부터 주관하고 있습니다. 매년 7월경 각 시도 지역별 예선을 거쳐 선발된 지적장애인들(학생부와 일반부)이 10월에 전국대회에서 자신의 생각을 말로 표현하여 그 실력을 겨룹니다.

경민이는 올해 서울특별시 예선에서 '아름다운 강산, 통일 대한민국'이라는 주제로 발표하여 학생부 우승을 차지하였고, 강원도 춘천에서 열린 전국대회에서는 은상을 받았습니다. 물론 담임교사가 원고 작성과 발표 방법에 대해 지도해 주었지만 경민이 스스로 원고를 외우고 자기주장을 당당히 하려는 열정과 노력, 자신감이 있었기 때문에 이루어진 결과입니다.

경민이의 자기권리주장대회 원고 일부를 소개합니다.

"여행은 저의 소중한 취미입니다. 여행 중에 만나는 오지마을들, 비포장 된 옛길들을 찾아다녀 보았습니다. 그러면서 험난한 산 지형을 오르내렸을 우리 민족의 힘과 의지를 느낄 수 있었습니다. 또 덕적도, 제주도, 울릉도, 독도 등의 섬들도 환상적이었습니다. 우리나라는 물론 미국, 캐나다, 태국도 여행해 보았습니다. 여행을 통해 참으로 이 세상은 아름답다는 것을 느꼈습니다.

제가 가고 싶지만 갈 수 없는 곳이 딱 한 곳 있습니다. 바로 북한입니다. 북한의 문화유산과 아름다운 경관을 사진으로밖에 볼 수 없어서 안타깝습니다. 그래서 안타까운 마음에 우리나라의 분단 역사를 공부하여 남북관계 문제에도 관심을 갖게 되었습니다. 저는 북한의 지리와 자원, 문화유산들이 손상되지 않고 잘 보존되어서 통일이 되기를 손 모아 기도하고 있습니다. (중략)

개성공단이 재개가 되어서 기쁩니다. 더 나아가 금강산 관광, 백두산 관광, 남북자원교류가 시작되었으면 좋겠습니다. 지금은 아름다운 우리 한반도가 남북으로 분단이 되어

북한에 자유롭게 갈 수 없지만, 통일이 되면 하나 된 한반도의 아름다운 우리 강산을 마음껏 여행해 보고 싶습니다."

사실 경민이는 고등학교 1학년 10월에 청주고등학교에서 본교로 전학을 왔습니다. 처음 전학상담을 할 때에는 불안한 기색이 역력하였고 간단한 질문에도 대답을 잘 못하였습니다. 부모님은 경민이가 자폐성 3급으로 인지능력은 있지만 일반학교에서 친구들로부터 많은 놀림을 당하다보니 자신감을 잃고 고립되어 늘 긴장하는 모습을 보이는 것이 안타깝다고 하였습니다. 전학 후 1개월 정도 지났을 때 아버지는 경민이가 "밀알학교는 천국이다."라며 밝게 웃는 모습을 보며 기뻤고 전학을 잘 왔다며 만족하셨습니다.

지난 2년간 경민이는 학교의 교육활동과 각종 대회(직업경진대회, 스마트폰 정보검색대회 등)에서 자신의 역량을 발휘하면서 자신감을 많이 회복하였습니다. 올해 고등학교 졸업반인 경민이는 진로에 대해 많은 고민을 했습니다. 지난 여름방학 때까지는 전문대학 지리학과에 진학하겠다고 했으나 2학기에 베어베터의 인쇄업 실습을 하면서 취업을 생각하게 되었습니다. 그러다가 최근에 정립회관에서 실시하는 컴퓨터자격증실무과정에 합격하여 오는 2월부터 2년간 교육을 받게 되었으며, 수료 후 자격증을 취득한 후에는 미국으로 유학을 가서 지리학에 대해 체계적인 연구를 하려고 한다며 영어 토익(TOEIC) 공부를 열심히 하고 있습니다.

경민이의 꿈이 꼭 실현되기를 기대하며 함께 기도해주셨으면 합니다.

- 2014년 2월호 -

학교 도서관에
책이 많아 참 좋습니다

학생의 직업 현장실습과
학부모와의 소통 장소로 활용되고 있는 도서관

본교 교무실 바로 옆에 학교 도서관이 자리하고 있습니다. 개교할 때부터 만들어진 도서관은 학생들과 교직원들이 각종 정보를 얻을 수 있는 교육정보센터 기능을 해 오고 있습니다. 특히 이곳은 학생들에게 적합한 독서 교육을 통하여 건전한 독서 습관과 능동적인 학습태도를 기르고 학생들의 정서 순화를 돕는 등 교육적인 목적을 수행하고 있습니다.

현재 약 1만 2천여 권의 장서를 구비하고 있으며, 매년 두 차례 학기별로 교직원과 부모들의 추천을 받아 필요한 도서를 구입하여 장서를 늘려나가고 있습니다. 전문 사서

인력은 배치되지 않았지만, 학부모 자원봉사자(화, 목 09:30-11:30) 및 특수교육보조원(월, 수, 금 15:00-16:30)을 요일별로 배치하여 도서관 운영과 관리에 효율성을 높이고 있습니다.

초창기에 도서관 이용은 주로 국어나 사회 시간에 학급별로 와서 동화책이나 그림책을 봤습니다. 그러나 최근에는 도서관 사서 직업이 자폐성 장애 학생들의 취업과 진로에 적합한 직종으로 주목받고 있어서, 본교에서도 고등학교 학생들의 교내 현장실습과 직업훈련 장소로 활용하고 있습니다. 도서실 청소와 도서 정리는 물론, 도서 분류와 바코드 붙이기 작업부터 도서 반납 확인과 대출 등 사서 보조 역할까지 다양한 직무 실습을 체계적으로 하고 있습니다.

교내 도서관 실습을 통해 업무를 익히게 되면 본교 전환교육 프로그램과 연계하여 개포 도서관으로 현장실습을 갑니다. 교외 현장실습의 경우 학교 도서관과 달리 많은 사람들이 이용하고 작업 공간도 달라 처음에는 일을 능숙하게 잘하지 못하지만 지도교사의 세심한 배려와 지도를 받은 후에는 그 곳 도서관 담당자의 지시를 따라 실습을 하게 됩니다. 현재 본교 졸업생으로 이화여대 도서관에서 사서 보조로 6년째 일하고 있는 박종민 군은 동료 직원들로부터 업무의 정확성과 능률을 인정받아 모범 직원으로 선발되기도 하였습니다.

사실 개교 초기에는 읽을 만한 책이 부족하고 환경 구조도 이용하는 데 불편하여 학교 도서관이 교사 및 학생들로부터 외면을 받았습니다. 다행히 7년 전 서울특별시 교육청의 예산을 지원받아 도서관 리모델링을 하였습니다. 천장과 벽면 등 전체적인 분위기를 밝게 만들었고, 장서 수납공간을 확장하였으며 학생들이 편한 의자에 앉아 책을 보거나

컴퓨터를 활용하여 수업을 할 수 있도록 벽면에 TV 모니터도 설치하였습니다.

"학교 도서관에 읽을 책이 많아 참 좋습니다. 요즘에는 학부모들이 장애 자녀의 양육을 위한 전문서적 뿐만 아니라 교양 도서와 비장애 형제들을 위한 그림책 등도 많이 빌려갑니다." 학교 도서관에서 오랫동안 자원봉사자로 수고해오고 있는 정미영 님의 이야기 입니다.

작년부터는 교육청에서 학교 도서관을 운영하는 학교에 대해 '학교 도서관 운영위원회'를 조직하도록 하였습니다. 본교에서는 교감과 교무, 업무담당 부장 및 교사, 그리고 학부모(2명)가 운영위원으로 위촉되었습니다. '학교 도서관 운영위원회'는 지난 2학기에 교직원과 부모들이 추천한 도서목록을 검토하고 예산에 맞추어 필요한 도서를 선정하였습니다. 또한 '학교 도서관 운영위원회'는 학교 도서관 운영을 더욱 활성화하기 위하여 여러 가지 의견을 수렴하는 시간을 갖고 있습니다.

이처럼 본교 교육의 운영 방침은 먼저 교육의 주체인 학생들이 즐겁고 행복한 학교를 만들기 위해 노력하며, 나아가 학부모들이 학교를 신뢰하며 교육활동에 적극 동참할 수 있도록 하는 것에 있습니다. 학교 도서관이 학생들의 교수-학습 공간인 동시에 학부모들이 상호 소통하고 학교 교육활동에 공감대를 형성할 수 있는 공간으로 자리매김하고 있습니다.

― 2014년 3월호 ―

밀알학교 행복 이야기
142

음악을 통해
세상과 소통하는 천사들

발달장애인으로 구성된
밀알 첼로앙상블 '날개' 이야기

행복이야기 44

지적 장애와 자폐성 장애를 가진 사람들은 언어나 인지 학습 발달에 지체를 보입니다. 하지만 음악 미술 등 예능 분야에서 출중한 잠재력을 가진 지적장애인들도 있습니다. 최근 들어 이들의 예술적인 재능을 발견하고 전문적으로 키워내고자 하는 움직임이 일고 있습니다. 실제로 훌륭한 음악인이나 화가, 서예가 등으로 활동하고 있는 지적장애인들이 늘어나고 있습니 다.

이러한 사회적인 인식 변화 속에서 발달장애인들의 꿈을 구체적으로 실현시키기 위해

2012년 11월 밀알 첼로 앙상블 '날개'가 창단되었습니다. 효성그룹의 후원을 받아 밀알 복지재단에서는 그 해 10월 12일과 10월 18일 두 차례에 걸쳐 공식적인 오디션을 통해 창단 멤버를 구성하였습니다. 많은 학생들이 오디션에 도전을 하여 그동안 자신들이 갈고 닦은 다양한 음악적 실력과 끼를 보여주었습니다. 피아노와 바이올린, 첼로, 피리 등 악기 연주를 하는 학생들이 많았지만 어떤 친구들은 노래를 하거나 음악에 맞추어 춤을 추는 친구들도 있었습니다. 오디션 과정에서 학생들의 재능을 파악하는 것이 우선이었지만 부모님과의 인터뷰를 통해 자녀에 대한 기대와 지원 여부 등도 감안하여 종합적인 평가를 통해 단원을 최종 선발하였습니다.

발달장애인으로 구성된 국내 최초의 첼로 앙상블 '날개'는 매주 2회 이상의 정기 개인 레슨과 1회 그룹 레슨을 통해 실력을 키우고 있습니다. 2013년 4월 23일 예술의 전당 콘서트홀에서 열린 10회 밀알 콘서트에서는 처음 공연을 하는 감격을 누렸습니다. 그 후에도 몇 차례 복지관과 학교 등의 축하 공연을 하였습니다. 연주 실력이 발전한 것뿐 아니라 낯선 사람, 낯선 환경에 대한 민감도가 줄어들어 점점 무대 체질로 변해가고 있습니다.

2014년 3월 현재, 첼로 앙상블 '날개' 멤버는 학생 단원 22명, 활동 단원 5명으로 총 27명이며, 밀알학교 재학생 및 졸업생은 9명이 함께 참여하고 있습니다.

'날개'는 첼로를 처음 접하는 '예비단원'과 학교 수업과 병행하며 첼리스트의 꿈을 키우는 '학생단원'이 있습니다. 그리고, 성인 발달 장애인 중에서 전문 첼리스트로서의 활동이 가능하도록 지원을 받는 '활동단원'을 분류하여 각 단원의 필요와 욕구에 맞게 연습을 하도록 준비하고 있습니다. 또한 전체가 연합하여 연주를 하는 앙상블로 구성하여 계속 발전해 나갈 것입니다. 더불어 점차 활동 단원의 인원을 늘리고 연주 실력을 향상시켜 보다 많은 무대를 경험하고자 합니다. 각 단원들이 '연주

'자'의 직업을 가질 수 있도록 밀알복지재단에서는 꾸준한 지원을 계획하고 있습니다.

'날개'는 오디션 때부터 줄곧 이들을 총괄적으로 지도해 오신 오새란 선생님의 믿음과 열정이 있었기에 지금까지 올 수 있었다고 부모님들은 입을 모아 칭찬합니다. 첼로를 처음 대하는 학생들에게 기초부터 차근차근 가르치기 위해서는 이들을 사랑하는 마음과 인내가 없으면 불가능한 일이라는 것을 부모님들이 알고 있기 때문입니다. 또한 각 단원 부모님들의 눈물겨운 뒷바라지가 있었기에 '날개'는 하늘을 날 수 있었습니다. 이제 앞으로 이들이 더 많은 꿈을 가지고 세상과 소통하는 법을 배우고 많은 사람들에게 감동을 선사하는 천사의 역할을 할 수 있도록 더욱 많은 분들의 관심과 지원을 기대해봅니다.

– 2014년 4월호 –

밀알 첼로앙상블 '날개'는
창단 후 효성그룹과 동양생명의 후원을 받아 활동을 해오고 있었으나, 2017년 현재 악기, 레슨비, 연습실, 대관료 등을 지원해 주던 후원처가 없어 무기한 활동 중단 위기에 놓여 밀알복지재단에서는 '날개'가 다시 활동을 재개할 수 있도록 캠페인을 진행 중에 있습니다.

꾹꾹 눌러 쓴 **행복**

145

45

자폐성 장애 학생의 감각기능 개선을 위한 특별한 공간

감각통합치료실, 감각운동훈련실, 감각반응훈련실 운영

 밀알학교는 개교 시 정서장애학교 형태로 인가를 받았습니다. 지금은 분류 방법이 바뀌었지만 당시에는 시각장애 학생을 위한 맹학교와 청각장애 학생을 대상으로 하는 농학교, 뇌병변장애와 신체장애 학생을 위한 지체부자유학교, 지적장애 학생들이 다니는 정신지체학교, 그리고 자폐성 장애와 정서불안, 과다행동 및 주의력 결핍을 가진 학생들을 위한 정서장애 학교로 나누고 있었습니다.

 특히 본교는 재학생의 80%이상이 자폐성 장애를 가지고 있어 '자폐학교'로 회자되고 있습니다. 그래서 학교 건물을 자폐성 장애 학생의 특성에 맞추어 설계하였고, 교실과 특별실도 다른 특수학교와 다른 설비를 갖추게 되었습니다. 그 중 감각통합치료실은 넓은 독립 공간에 자폐성 장애 학생의 감각 기능 부조화 현상을 개선하기 위한 다양한 장비와 교구를 갖추고 있어 초창기부터 학생들이 가장 많이 이용하고 있는 곳입니다. 대부분의 자폐성 장애인은 외관상 신체적인 조건의 경우 정상 범주에 속하지만 어떤 동작이나 활동을 할 때는 특이한 몸짓이나 어색한 자세를 취합니다. 이러한 동작의 부자유함은 전문용어로 말하면 신체의 고유(수용성)감각이나 전정감각(前庭感覺)에서 원활한 반응을 하지 못하기 때문에 비롯되는 현상이라고 합니다. 이러한 감각 기능을 회복하도록 하기 위해서는 단순히 신체적 활동을 반복 훈련하는 것보다 아동 스스로 자신의 신체 각 부분의 움직임을

자각하고, 근력이 아니라 근긴장도를 조절하는 힘을 갖추도록 해야 합니다. 사다리와 정글짐을 오르내리는 활동이나 뒤로 누운 자세로 타이어나 그물 속을 통과하는 활동이 대표적입니다.

그리고 감각운동훈련실에는 러닝머신과 고정 자전거, 스테퍼 등의 장비를 갖추고 학생들의 근력과 지구력을 향상시키기 위해 노력하고 있습니다. 특히 이곳은 정규 수업뿐만 아니라 방과 후 교실의 헬스 수업시간에도 사용하고 있는데 비만 학생의 체중 및 체지방 관리에 많은 효과를 보고 있습니다. 학생들뿐만 아니라 교직원들도 자신의 체력 단련과 다이어트를 위해 이른 아침이나 퇴근시간 이후에 많이 활용하고 있습니다.

감각반응훈련실은 다른 특별실에 비해 좀 늦게 만들어졌습니다. 2002년도에 서울특별시 교육청의 치료교육 특별 예산을 지원받아 발달장애 학생의 심리안정과 감각반응 촉진을 위해 설치한 특별실입니다. 이곳은 1970년대 네덜란드에서 중증장애인을 위한 시설에서 체계화된 스누젤렌(snoezelen) 기법[5]을 적용하고 있습니다. 시각, 청각, 후각, 촉각을 통한 다양한 감각 경험과 신체적 심리적 안정을 도모할 수 있도록 시설이 되어 있습니다. 바닥에는 촉각판과 쿠션, 몸으로 음(音)의 진동을 느낄 수 있는 물침대가 있습니다. 각 코너에는 물기둥과 음향 장치, 그리고 천장에는 흔들 그네와 특수 조명 시설을 두어 아늑하고 조용한 분위기를 연출할 수 있도록 하였습니다. 감각반응실 또한 유치부

---

5) 잠깐 자다(snooze), 꾸벅 졸다(doze)라는 뜻을 가진 두 단어의 합성어이다. 1980년대 네덜란드에서 중증장애를 가진 사람들에게 일상에서 휴식과 안정을 취할 수 있는 공간을 제공하고자 하는 목적으로 시작되었다.

에서부터 고등부 학생까지 모두 사용 가능하지만, 특별실 활용 시간의 제한 때문에 현재는 주로 유치부와 초등학교 저학년 학생들이 많이 사용하고 있습니다. 방과 후에는 종일반(돌봄교실)학생들이 이용하기도 합니다.

특히 2007년 '장애인 등에 대한 특수 교육법'이 제정되기 이전에는 특수학교 내 치료교육을 담당하는 치료교사가 별도로 배치되어 각 특별실을 맡아 장애학생들의 치료와 훈련을 전담하였으나 2007년 '장애인 등에 대한 특수 교육법'이 제정된 이후에 치료교사는 특수교사로 자격전환이 되어서, 이제는 담임교사나 교과 선생님들이 '창의적 체험활동' 수업시간을 이용하여 이러한 특별실을 활용하고 있습니다.

어떤 학생들은 교실보다 특별실을 더 좋아하여 체육이나 음악 등 교과 수업을 받기 위해 체육관이나 음악실 등으로 이동할 때 감각통합치료실이나 감각반응훈련실로 가려고 떼를 쓰기도 합니다. 이렇게 학생들이 좋아하는 특별실이 많다는 것은 우리 학교의 자랑입니다. 그리고 새로 개교하는 학교의 관리자와 시설 관계자들도 우리 학교의 건물과 특별실을 견학하기 위해 자주 찾아오고 있습니다.

앞으로도 우리학교는 학생들이 최적의 조건에서 적절한 교육과 생활훈련을 받을 수 있도록 교육환경과 여건을 지속적으로 정비하고 개선해가는 노력을 계속할 것입니다.

– 2014년 5월호 –

밀알학교 행복 이야기
148

세상과 소통하는
꿈을 키워주는 예술교육

이웃과 삶을 나누고 장애인식개선을
실천하는 '삼분의이'

행복이야기 46

　본교는 학생들의 꿈과 재능을 키워주기 위해 방과 후 프로그램이 다양하게 개설되어 있습니다. 1997년 개교 초기에는 학부모들의 요청에 의해 수익자 부담으로 외부 강사를 초빙하여 인라인스케이트, 육상, 헬스, 자전거 등 체육활동 중심의 방과후 교육이 이루어 졌습니다. 그 후 서울특별시 교육청으로부터 방과후학교 운영 예산이 일부 지원이 되면서 감각통합, 사물놀이, 컴퓨터, 드럼, 오카리나, 난타 등 과목이 점차 확장되었습니다. 학기 중뿐만 아니라 방학 중에도 오전 동안 방과 후 학교 프로그램이 개설되어 많은 학생들이

참여하였습니다.

2009년 9월부터는 '삼분의이'에서 미술전공 강사들이 그림 그리는 것을 좋아하고 미술적인 재능이 있는 학생들을 발굴하여 매주 1회씩 총 12회기 동안 학생 개인별 맞춤 예술교육을 하고 있습니다. '삼분의이'는 이웃과 삶의 나눔을 실천하는 비영리단체로서 사회적인 환경과 기회로부터 소외된 아동, 청소년들에게 예술교육을 통해 자신의 생각과 마음을 건강하게 표현할 수 있도록 도와주고 있습니다. 특히 예술교육 활동을 통해 완성된 그림들을 다양한 디자인 상품으로 제작하여 장애인에 대한 인식개선을 도모하고 그 판매수익금으로 또 다른 지역의 장애인들과 다문화, 한부모, 새터민, 저소득층 가정의 학생들에게 예술교육을 지원하는 시스템을 구축하고 있습니다. 2012년 12월에는 서울특별시로부터 '혁신형 사회적기업'으로 선정되기도 하였습니다.

'삼분의이'에서 처음에는 본교 종일반의 초등학교 학생들을 대상으로 예술교육을 실시하였는데 강사들도 자폐성장애 학생들의 그림 그리는 솜씨에 놀랐습니다. 그 이듬해에는 대상을 중학교 학생까지 확대하였고 학기 초에 학부모 총회를 할 때 이 프로그램에 대해 소개하였더니 학부모들의 관심과 기대감도 커졌습니다. 그래서 2012년 3월부터는 고등학교 학생까지 확대하고 부모가 신청한 학생을 대상으로 A, B 두 반으로 나누어 교육을 하고 있습니다.

올해는 각 반별로 6명의 학생들을 선정하였습니다. 지도강사는 예술, 교육, 사회복지를 전공하신 세 분의 선생님들이 팀을 이루어 4회기 동안은 학생들의 특성을 파악하고 8회기 동안 학생 개인별 맞춤교육을 하는데 완성된

그림 작품도 상당한 수준으로 발전하였습니다.

이러한 작품들은 학부모와 본인의 동의로 기부를 받아 현재 '29cm 온라인 매장'과 '교보 핫트랙스', 서울시청 '다누리', 신촌 '꿈꾸는 청년가게' 오프라인 매장 등에서 판매되고 있습니다. '삼분의이' 홈페이지 www.2slash3.com을 통해 다양한 디자인 상품들을 확인할 수 있습니다.

　최근 들어 장애인 교육 및 복지 분야에서 문화예술교육에 대한 관심이 높아지고 있는 추세에 비추어 볼 때, '삼분의이'의 예술교육 사업은 많은 장애학생들에게 꿈과 소망을 심어주고 있습니다. 이러한 건강하고 창조적인 지역 단체들이 본교 학생들의 교육에 동참함으로써 밀알학교는 그 명성과 위상이 더욱 높아지고 있습니다.

― 2014년 6월호 ―

물건도 팔고 사랑과 기쁨을 나누는 축제 한마당

밀알 학부모 바자회

본교에는 매년 학교에서 주관하는 축제(밀알 한마당 체육대회와 특별활동 종합발표회) 외에 학생과 교사, 학부모들이 함께 참여하는 행사로 '밀알 학부모바자회'가 있습니다.

이 바자회는 학부모회 임원들이 주축이 되어 행사내용을 계획하고 추진하고 있습니다. 10여 년 전 처음 학부모 바자회를 준비할 때, 학부모들뿐만 아니라 학생, 교직원, 자원 봉사자, 그리고 지역주민들이 이 행사에 적극적으로 참여하고 지역사회 축제의 장으로 만들기 위해 '밀알 오색 바자회'라고 이름을 붙였습니다. 그동안 바자회를 통해 모인

기금은 어린이날과 크리스마스 때 학생들을 격려하거나 자원봉사자들에게 감사의 선물을 하고, 학부모회 운영비 등으로 사용하고 있

습니다. 고등학교와 전공과 학생들이 직업훈련 및 실습을 받고 있는 장애인복지관과 직업훈련센터 등에 후원을 하여 지역사회 기관들과의 연대감을 돈독히 하는 계기가 되기도 하였습니다.

특히 올해에는 바자회를 열기 위한 준비를 하는 가운데 4월16일 세월호 여객선 침몰 사고가 일어나 국가적인 추모 분위기에 맞추어 취소를 하려고 하였습니다. 하지만 오히려 이러한 행사를 통해 그러한 사고가 되풀이되지 않기를 바라는 마음과 유가족들을 위로하는 차원에서 후원 모금함을 준비하기로 하였습니다.

바자회 행사를 위해 학부모 임원 및 대위원들은 지난 3월부터 여러 차례 협의를 통해 학생들이 좋아하는 먹거리 장터의 메뉴를 학년별로 선정하였습니다. 그리고 행사 한 달 전부터 학생들에게 옷가지나 신발, 생활용품 등의 물품을 기증받으면서 점차 축제 분위기를 만들어 갔습니다. 또한 본교 졸업생들이 취업해 있는 강남직업재활센터의 보호작업장과 제과점 래그랜느에서도 바자회 참여를 희망하여 천연비누(무누)세트, 수제 쿠키 등을 준비하여 별도의 부스에서 전시하고 판매하였습니다.

행사 전날, 학부모회에서 준비한 바자회 쿠폰을 학급별로 미리 배부하여 학생들이 좋아하는 먹거리 메뉴를 골라보면서 기대감을 갖게 하였습니다. 학생들은 바자회 당일에 물건을 사고 거스름돈을 받아

보는 활동을 통해 수업시간에 배운 내용을 적용해보는 체험의 장으로 활용하였습니다.

교직원들도 미리 현금을 준비하여 좋은 물건을 싸게 사기도 하고, 즉석에서 구운 부침개나 따끈한 오뎅, 순대, 떡볶이 등 맛난 음식을 함께 먹으면서 서로 정을 나누고 학생들과 더불어 즐겁고 행복한 시간을 보냈습니다.

올해는 본교를 지원해주는 밀알 아트센터 직원들과 남서울은혜교회 교인, 그리고 인근에 위치한 신우주유치원 교사들도 틈을 내어 바자회에 참여하여 더욱 풍성하고 활기찬 행사로 막을 내리게 되어 감사했습니다.

본교는 이러한 축제를 통해 학생들이 행복하고 즐거운 학교를 만들기 위해 더욱 노력할 것이며, 교직원들과 학부모, 그리고 지역사회 주민들이 행사에 적극 동참하도록 홍보하여 지역사회와 함께하는 열린 학교로 지속적인 발전을 해나갈 것입니다.

- 2014년 7월호 -

밀알학교 행복 이야기
154

그림으로 세상과 소통하는
아티스트 이야기

열린행성 프로젝트 2014, 그림 전시회

이야기 48

　지난 6월 28일 토요일 오후 3시, 밀알미술관에서는 '열린행성 프로젝트 2014' 의 오프닝이 있었습니다. 발달장애를 가진 6명의 학생이 이번 그림 전시회의 주인공입니다. 그 중 4명의 작가, 신동민(고3), 손유승(고3), 김정우(고2), 이동민(중3)이 본교 재학생이라 이번 전시회에 더욱 관심을 갖게 되었고, 오프닝에서 축사를 했습니다.
　이 행사가 주목받는 가장 큰 이유는 '자폐성장애' 특성상 인지 발달이 늦고 의사소통에 어려움이 있음에도 불구하고 그 한계를 넘어 자신들만이 꿈꾸는 아름다운 세상을 작품

안에 고스란히 담아내고 있기 때문입니다.

그동안 열린 행성 프로젝트를 주관해온 '시스플래닛(SYS PLANET)'의 오윤선 대표(큐레이터)는 "이들의 작품을 '장애'라는 편견에서 벗어나 '예술과 예술가'의 관점에서 그 가치를 인정받고, 이들이 경쟁력을 가진 진정한 프로 아티스트로서 성장해나가는 모델을 만들어주고 싶습니다."라고 포부를 밝혔습니다.

이번 전시회는 6월 28일(토)부터 7월 13일(일)까지 본교 별관에 위치한 밀알미술관에서 열렸고, 7월 15일(화)부터 7월 31일(목)까지는 서울 성동구의 '옆집갤러리'에서도 전시되어 일반인들로부터도 많은 관심과 호평을 받았습니다. 특히 이번 전시회 기간 중에 신동민 작가의 호랑이 그림이 새겨진 에코백을 판매하였고 그 수익금은 태국의 송태규 선교사님이 운영하는 '큰빛복지선교센터' 건립 기금으로 사용됩니다. 재능기부를 통해 제3세계 장애인들의 교육과 복지 향상에 기여할 수 있어 작가와 동참하는 이들 모두 신나고 기분이 좋았습니다.

그동안 학교는 격년제로 열리는 '특별활동 종합 발표회' 때 학생들의 작품을 전시하면서 발달장애를 가진 학생들의 예술적인 잠재력을 발견했습니다. 학교에서 학부모들에게 학생들의 잠재력과 가능성을 알리고, 좀 더 체계적으로 학생들이 예술 활동을 할 수 있는 기회를 찾던 중, 3년 전 남서울은혜교회 김민수 강도사(현재 분당우리교회 장애인사역 담당 목사)의 노력으로 '시스플래닛' 오윤선 대표와 연결이 되었습니다.

'시스플래닛(www.wearesysplanet.com)'은 그동안 신진 작가를 발굴하고 전시를 기획, 진행하며 전문적인 아티스트로서 성장할 수 있도록 도와주는 일을 하고 있는 곳입니다. 그래서 시스플래닛과의 만남은 신진 작가들의 예술 인생을 보다 가치있게 승화시켜 줍니다.

지난 3년간 '열린 행성 전시회'에 매년 초대된 신동민 작가의 어머니는 "동민이가 중학교 1학년 때 밀알학교로 전학을 오면서 그림에 재능이 있음을 확실히 알게 되었습니다. 고등학교 진학 후 동민이가 화실에 가서 그림 그리는 일을 즐겨하는 모습을 보니 대견

하기도 하고 뒷바라지한 보람
과 기쁨이 있었습니다. 무엇
보다도 그동안 동민이를 잘
지도해주신 학교 선생님들과

길을 열어주신 김민수 강도사님, 그리고 예술적 감성을 일깨워 열정적으로 가르쳐주신 오윤선 대표님께 진심으로 감사를 드립니다."라고 소감을 이야기 했습니다.

'열린행성' 작가들은 그동안 국회 의원회관에서 열리는 '소리 없는 울림전', '2014 홍콩 아트쇼' 등 여러 곳에서도 그림 전시회를 가졌고, 특히 이번 전시 작품들은 미술은행, 국립현대미술관 등이 소장하게 됐습니다. 또한 '열린행성' 작가들은 세계에 제주 해녀를 알리는 아트 상품 개발 등 의미 있는 행보를 이어가게 되었습니다.

본교에는 현재 200여 명의 발달장애 학생들이 재학하고 있습니다. 이들 모두 소중한 하나님의 걸작품이며, 이들이 자신만의 독특한 개성과 모습으로 그 가치를 인정받을 수 있도록 교직원들은 최선의 노력을 다하고 있습니다.

이번 열린행성 작가들의 그림을 보면서 다른 후배 부모님들도 자녀들이 가진 예술적인 가능성에 대해 다시 한 번 생각하게 되었고, 새로운 도전과 소망을 갖게 된 점도 큰 의미가 있습니다. 앞으로 본교 출신 아티스트들이 더 많이 발굴되고 다양한 분야에서 활약하는 모습을 기대해 봅니다.

- 2014년 8월호 -

49 행복이야기

교육활동에서 학생들의 안전이 최우선입니다

실제 상황과 같은 재난 대피훈련의 생활화

지난 7월 8일(화) 본교 신관 도산홀에서는 재난대피훈련의 일환으로 '소방 및 화재 대피훈련'이 있었습니다. 이번 훈련에는 학교 근처 수서소방서 119 구급대 교육담당자들이 학교를 방문하였습니다. 이론적인 교육과 함께 생동감을 주기 위해 실제 화재가 발생한 상황을 연출하였습니다. 소방관들은 교사와 학생들이 소화기로 불을 끄는 훈련과 교사의 도움을 받아 학생들이 몸을 낮추어 연기를 피해 대피하는 것을 지도해 주었습니다.

특히 올해는 지난 4월 16일 '세월호 침몰 참사'를 계기로 이러한 재난 대비훈련의 중요성이 그 어느 때보다 강조되고 있습니다. 본교에서는 재난 대피훈련을 매년 4회(각 학기별 2회) 정도 실시하고 있습니다. 그 중 3회는 수업 시간표를 고려하여 미리 훈련에 대해 예고를 하지만 1회는 날짜만 정해 두고 교육활동을 진행하는 가운데 불시에 사이렌을 울려 교직원들이 모두 대피하도록 하는 비상 훈련을 하고 있습니다.

본교 본관은 4층 구조로 되어 있고, 비상 대피로는 계단과 경사로를 이용할 수 있습니다. 교사들은 교실이나 특별실에서 가까운 통로를 이용하도록 사전에 대피로를 숙지하게 하고 있습니다. 사전에 예고하는 대피훈련의 경우, 담당자는 훈련 전달을 모든 교직원들에게 재난 대피훈련이 있다고 쿨메신저나 학교 문자알리미 서비스(SNS)로 알립니다. 훈련 당일 2교시에 교내 방송으로 "현재 시각 학교 건물 3층에 화재가 발생했으니 신속하게 대피하라."고 공지하고 훈련 상황임을 알립니다.

 이 방송을 듣고 교직원들은 각 반의 교육활동을 중단하고 학생들의 안전을 고려하면서 학생들과 함께 신속하게 운동장으로 대피합니다. 학생들의 수준에 따라 손수건이나 자신의 옷소매로 입과 코를 막으면서 낮은 자세로 이동하도록 교사들이 시범을 보여주며 실제 상황과 같은 모의 훈련을 하기도 합니다. 행정실 직원들은 학생들의 대피로를 따라 곳곳에 서서 뒤처지는 학생을 부축하여 가능한 한 빨리 건물 밖으로 대피할 수 있도록 도와줍니다. 대체적으로 대피방송 후 4~5분 사이에 모든 학생들은 운동장으로 대피를 하고 있습니다.

 이렇게 하여 전교생이 운동장에 모이면 담당자가 학급별로 학생 현황을 파악한 후 모두 체육관으로 이동합니다. 체육관에서 '재난 대피관련' 홍보 영상물을 시청하면서 '왜 이러한 대피훈련이 중요한지'를 학생들에게 다시 한 번 강조하고, 효율적인 대피 방법을 정확히 익히도록 합니다. 훈련을 마치기 전에 마지막으로 교장선생님의 훈화를 통해 학생들에게 재난 대피훈련 모습을 칭찬해주고 학교와 가정에서도 대피훈련을 생활화 하도록 격려합니다.

물론 이러한 훈련보다 더 중요한 것은 화재가 발생되지 않도록 미리 조치하고 확인하는 일입니다. 학생들에게도 다양한 형태의 예방교육을 하려고 노력하고 있습니다.

그리고 작년부터는 2011년 3월 11일 발생한 '동일본 대지진'을 거울삼아 우리나라도 더 이상 지진의 안전지대가 아님을 인식하고, 매년 5월에는 '지진 대비 대피훈련'을 실시하고 있습니다. 이 훈련에서는 지진 발생 경보가 울리면 학생들은 교사와 함께 우선 교실이나 특별실의 책상이나 의자 밑으로 몸을 숨깁니다. 그 후 상황을 보아 건물 밖으로 신속하게 대피하도록 방송을 하게 됩니다. 이때, 건물 잔해가 떨어져 머리를 다칠 수 있으니 부상 방지를 위해 자신의 책가방이나 방석 등을 머리에 이고 대피하는 훈련도 하고 있습니다. 일부 학생들은 몸이 불편하여 이동 속도가 느리기도 하고 교사들의 빠른 대피 재촉에 짜증을 내기도 합니다.

그러나 재난은 대부분 예고 없이 일어나게 됩니다. 그래서 다소 힘들고 어렵더라도 이러한 재난 대피훈련을 실제 상황과 같이 계속 반복해야 합니다. 발달장애 학생들도 반복훈련을 하다 보면 점차 훈련 상황이 몸에 배여 어떤 어려운 상황이 발생하더라도 신속하게 대처할 수 있게 될 것입니다.

또한 본교는 매월 마지막 날에 생활안전부 생활지도계에서 '학교안전 관리점검표'를 만들어 각 항목들을 확인하고 안전사고가 발생하지 않도록 철저히 점검하고 예방 조치를 하고 있습니다. 아무리 좋은 교육활동을 잘 전개하더라도 학생의 안전에 문제가 생기면 교사들은 교수활동이 위축되고, 학부모들로부터 신뢰를 잃게 됩니다. 그래서 본교 교직원들은 모든 교육활동에서 안전을 최우선시하고 있으며, 학생들의 행복한 학교생활을 위해 매일 기도하며 최선을 다하고 있습니다.

- 2014년 9월호 -

밀알학교 행복 이야기

실장님, 실장님, 우리 실장님

밀알학교 역사의 산 증인,
오화중 행정실장님 퇴임을 기리며

50 이야기열쇠

　오화중 행정실장님이 지난 6월말로 정년(만60세) 퇴임을 하였습니다. 본교 개교 때부터 지난 18년간 학교의 모든 살림살이를 도맡아 잘 운영해주셨습니다. 그러하기에 교직원들은 떠나시는 실장님을 아쉬운 마음과 감사의 마음, 또 다른 곳에서 더 많은 활약을 기대하며 축복의 마음을 담아 기쁨으로 보내드렸습니다.

　오 실장님이 밀알과 인연을 맺게 된 것은 지난 1984년 한국밀알선교단에서 자원봉사를 시작하면서부터입니다. 당시 오 실장님은 선교단의 자원봉사자로 참여하였지만 장애인 전도와 봉사, 계몽 활동에 누구보다도 적극적으로 참여하였습니다. 그 후 1986년부터는 선교단의 정식 간사를 맡아 한국밀알선교단의 성장과 변화에 주도적인 역할을 하였습니다. 1979년 10월에 창립된 한국밀알선교단이 금년 10월로 만 35주년을 맞이하게 되어 오 실장님의 이야기를 '밀알보'에 소개하는 것은 더욱 뜻 깊은 일이라 여겨집니다.

　오 실장님은 정말 탁월한 유머 감각으로 사람들에게 늘 웃음과 친밀감을 심어 줍니다. 또한 업무 면에서도 행정 처리의 능숙함과 성실성, 그리고 장애인과 그 가족들에게 헌신적인 섬김의 모습을 보여주어 지금도 선교단에 속한 많은 장애인

들과 관계자들로부터 사랑과 신뢰를 받고 있습니다. 선교단의 사업이 점차 확대되면서 오 실장님은 총무로서 폭넓은 활약을 하게 되었습니다. 현재 밀알학교가 속한 사회복지법인 '밀알복지재단' 을 설립할 때에도 사회복지사로서 참여하여 장애인 복지사업의 기틀을 다지는 일에 크게 기여하였습니다.

특히 1995년 남서울은혜교회가 발달장애 학생의 전문 교육기관인 밀알학교를 건립하기로 결정하고 밀알복지재단과 연합하여 일을 추진할 때 지역주민의 설립 반대 민원을 해결하였습니다. 그 밖의 학교 설립인가와 개교 준비 업무 등에도 중추적인 역할을 감당하였습니다. 그리고 1997년 3월 본교 개교와 함께 초대 행정실장으로 오셔서 올해 6월말 퇴임하실 때까지 투명한 재정 관리와 교육 시설 정비 등을 통해 교원들이 발달장애 학생들을 좋은 환경에서 교육할 수 있도록 예산지원을 아낌없이 해 주었습니다.

또한 장애 자녀로 인해 마음에 상처가 많은 부모들을 격려하고, 진로를 고민하는 졸업생 부모들에게는 장애인 작업장이나 공동생활 가정을 소개하였습니다. 이러한 부모님들과의 친분을 바탕으로 부모들에게 신앙을 갖도록 권면하고, 신앙이 있는 분들에게도 믿음을 굳건히 하도록 지속적인 관심과 중보기도를 해주며 학교를 믿음의 공동체로 만들려고 노력해 왔습니다.

한편 서울특별시 교육청 학교지원과의 주무관들과도 좋은 관계를 맺어 특수학교에서 부족한 예산을 추가로 지원받는 등 많은 활약을 하였습니다. 서울시 특수학교 행정실장 모임에서도 여러 해 동안 행정실장 모임의 대표를 맡기도 하였습니다.

필자도 개인적으로 오 실장님에게 많은 도움을 받았습니다. 9년 전 간암 수술 후 건강이 약화되었을 때 오 실장님이 2년 동안 수원에서 학교까지 카풀을 해주셔서 건강을 회복하는 데 큰 힘이 되었습니다. 이 지면을 빌어 오 실장님께 다시 한 번 감사를 드립니다.

이렇게 본교와 남서울은혜교회, 그리고 밀알복지재단과의 정보교류 및 협의의 창구

역할을 잘 해오시던 오화중 실장님이 퇴임하고 나니 그 빈자리가 더욱 크게 느껴집니다.

앞으로 본교의 교직원들은 오 실장님의 성실한 업무수행과 상대방을 배려하고 섬기는 그 마음을 본받아 밀알공동체를 더욱 하나님 보시기에 선하고 아름다운 행복한 일터로 가꾸어 가리라 다짐해 봅니다.

- 2014년 10월호 -

학생, 학부모, 교직원, 봉사자가 하나 된 축제
'2014 밀알 한마당 체육대회'

지난 10월 17일(금) 본교 체육관과 운동장은 학생과 학부모, 교직원, 그리고 자원봉사자들의 함성과 박수 소리로 오랜만에 시끌벅적하였습니다. 2년 만에 2014년 '밀알 한마당 체육대회'가 열렸습니다. 개교 초에는 매년 10월에는 운동회, 11월에 학예회를 개최하였는데 10여 년 전부터 짝수 년에는 체육대회, 홀수 년에는 학예회와 작품전시회를 엽니다.

체육대회는 학교의 연간 교육활동 중 가장 큰 비중을 차지하고 있어 3월 신학기부터 부서별로 계획을 세웁니다. 총괄부서인 생활체육부에서 전체적인 계획을 세우고, 과정별

로는 학생들의 반응이 좋을 종목을 스포츠 관련 책자나 다른 학교 운동회 프로그램을 참고하여 협의를 하고 시범 게임을 통해 최종적으로 종목을 선택합니다.

특히 올해는 본교와 자매결연을 한 일본 히로시마현 미하라(三原) 특별지원학교(발달장애아 특수학교) 고등부 2학년 학생들이 참여하게 되어 체육대회가 더욱 풍성해졌습니다.

개회식 때 미하라 특별지원학교의 요시오카(吉岡) 교감 선생님의 축사가 있었고, 밀알복지재단의 정형석 상임대표님도 참석하여 학생들과 부모들에게 격려의 인사 말씀을 전했습니다. 그 동안 학생들과 교사들이 체육대회를 준비하는 모습을 담은 영상이 나오자 부모님들은 학생들과 호흡하며 수고해온 교사들의 노력에 감동을 받아 많은 박수를 보냈습니다.

초등학교의 첫 경기는 체육관에서 색을 입힌 목판을 5분 동안 청군과 백군이 서로 뒤집어 색깔이 많이 남은 팀이 승리하는 경기였습니다. 학생들뿐만 아니라 교사들도 함께 가세하여 열심히 색판을 뒤집었습니다. 승리

한 팀은 만세를 불렸고 진 팀도 박수를 보내면서 함께 즐거워했습니다. 다음 경기는 스쿠터에 두 명의 학생이 올라앉아 양손으로 줄을 당겨 목표점까지 전진하였다가 뛰어 돌아와서 다음 주자에게 하이파이브로 출발 신호를 해주는 방식으로 마지막 주자가 빨리 돌아오는 팀이 승리하는 것입니다. 이 때 앞쪽에는 혼자 줄을 당길 수 있는 힘센 학생이 앉아서 뒤쪽의 힘이 약한 친구를 이끌어가는 모습은 보는 이로 하여금 감동을 자아내게 하였습니다.

한편 운동장에서는 중, 고등, 전공과 학생들이 먼저 4명씩 조를 이루어 30미터 달리기를 하였습니다. 2층 관람석에서 지켜보던 학부모들은 모두가 당신 자녀들이 1등을 했으면 하는 바람으로 응원을 하였습니다. 어떤 학부모는 자녀의 골인 장면을 스마트 폰 카메라로 찍으면서 함께 즐거워하였습니다. 이어서 진행된 단체줄넘기는 많은 체력이 요구되는 경기였는데, 학생 경기 후에 필자도 일본 미하라 자매학교 교감 선생님과 함께 뛰며

즐거운 시간을 보냈습니다.

옛날 초등학교 운동회를 연상할 때 가장 추억에 남는 경기는 '공굴리기'라는 생각이 듭니다. 학생 경기 후, 초등학교 실외 경기로 공굴리기를 하면서 학부모들에게도 추억을 선물하였습니다. 두 명이 한 조를 이루어 공을 굴리며 달리게 하였는데 몸보다 마음이 앞서 넘어지는 학부모도 있었습니다.

학부모들이 가장 많이 참여한 경기는 '줄다리기'였습니다. 교사들과 학생들의 영차! 영차! 응원소리에 맞추어 청군 백군으로 나누어진 양 팀은 혼신의 힘을 다해 줄을 당겼습니다. 1:1 무승부 후에 마지막 한 판으로 승부를 가릴 때 서로 독려하며 젖 먹던 힘까지 내어 버티는 모습은 스릴이 있었습니다.

중간 쉬는 시간에는 미하라 특별지원학교 고등부 2학년 학생들이 오랫동안 준비해온 축하공연 순서가 있었습니다. 〈욧 쵸렛〉, 〈맘마미아〉 노래에 맞추어 멋진 춤을 보여주어 체육대회에 함께 한 모든 사람들로부터 큰 박수를 받았습니다.

마지막 순서는 '장애물 이어달리기' 경기였습니다. 초등학교 1학년부터 중학교, 고등학교, 전공과 학생에 이르기까지 각 학급의 학생 대표가 선발되었습니다. 남녀 교사 1명씩, 사회복무요원, 자원봉사자, 학부모들도 학생 중간 중간에 들어가서 운동장을 한 바퀴씩 뛰었습니다. 트랙을 돌면서 매트, 평균대, 터널, 그물 등의 장애물을 통과하다 보니 청군과 백군의 순위가 자주 바뀌었고, 이에 따른 응원의 함성이 자자한 흥겨운 경기가 되었습니다. 특히 학생들은 승패를 떠나 친구와 함께 달리는 그 자체가 기쁨이었기 때문에 이미 모두가 1등이었습니다.

올해 '밀알 한마당 체육대회'도 학생들이 행복하였고 부모들은 더불어 즐거워하였습니다. 교사들은 준비하면서 때로는 힘들고 어려웠지만 함께 웃고 즐길 수 있었기에 모두가 승리한 기쁨의 축제였다는 생각이 듭니다.

- 2014년 11월호 -

교사는 수업으로 승부한다

공개수업으로 교사들의 전문성을 높인다

흔히 "학교 교육의 질은 교사의 질을 능가하지 못 한다."고 합니다. 그만큼 교육현장에서 교사의 교육적 전문성이 요구되고 있는 것입니다. 지난 11월 3일부터 4주간 본교의 모든 교사들이 자신의 수업을 공개함과 동시에 다른 교사들의 공개수업을 참관하는 '동료장학'을 실시하였습니다. 이러한 동료장학은 1학기에도 이루어졌는데 그 때에는 유치원과 초등학교 저학년, 초등 고학년, 중학교, 고등학교, 전공과 등 각 과정별 교사를 대상으로 수업을 공개하고 참관하였습니다.

이러한 동료장학의 목적은 교사들 상호 간에 수업 공개 및 참관을 한 후 협의를 통해

다양한 교육적 정보와 경험, 아이디어 등을 교환함으로써 교육적 욕구가 다양한 발달 장애 학생의 교수 방법과
교육활동의 개선을 도모하고, 궁극적으로 교사의 전문성 향상과 수업의 질을 높이는 데 있습니다.

이러한 동료장학은 먼저 담당부서인 교육과정부에서 연간 학교교육 일정에 따라 기간을 고시합니다. 교사들은 각자 자신의 수업 시간표에서 날짜와 시간을 정하고 공개할 교과목과 제재를 기록하여 담당자에게 제출합니다. 그리고 교사 자신이 참관하고 싶은 교사의 수업시간을 선택하여 알려주면 교육과정부는 조정을 통해 최종적으로 수업공개와 참관 시간표를 작성하게 됩니다.

2학기 전체 동료장학 때에는 교사들에게 가능한 한 다른 과정의 수업을 참관하도록 하고 있습니다. 왜냐하면 교사들은 일반적으로 자신이 지도하고 있는 과정의 학생들은 잘 알고 있지만 다른 과정의 학생 수준과 교육 내용 및 방법에 대해서는 잘 모르기 때문입니다. 과정별 교차(交叉) 수업참관을 통해 다른 과정의 학생 수준과 특성, 지도 방법 등을 폭넓게 이해하는 장을 마련하기 위한 것입니다. 나아가 각 과정별 지도 프로그램의 차이점을 분석하여 일관된 교육 방향을 이끌어 내려는 의도가 있습니다.

사실 교사들은 매년 3월 신학기에 자신이 담당한 학급과 교과 학생들의 능력과 특성에 기초하여 연간 교육계획(진도표)을 작성합니다. 그 내용을 바탕으로 매주 주간 학습계획을 세워 수업을 진행하고 있습니다. 늘 하는 수업이지만 다른 사람에게 자신의 수업을 공개한다는 것은 언제나 부담스러운 일입니다. 수업공개를 하는 것은 남에게 평가받는 입장이므로 잘한 점보다 부족한 점을 지적받는다는 부담이 있습니다.

특히 자폐성장애 학생이 70~80%이상을 차지하고 있는 본교 학생들을 대상으로 수업을 하다보면 학생들의 그날 몸 상태와 주변 분위기에 따라 항상 돌발변수가 작용합니다.

그래서 교사들은 그러한 경우의 수를 최대한 줄이기 위해 제재를 선택할 때부터 많은 고민을 합니다. 그래서 보다 좋은 수업을 전개하기 위해 제재와 관련된 자료를 더 많이 찾아보고 교실 환경도 정비합니다. 물론 보여주기 위한 수업이 중요한 것은 아닙니다. 평소, 교사와 학생이 상호작용을 잘 해 왔으면 참관자가 있더라도 크게 문제가 되지 않습니다. 때에 따라서 공개수업 때 오히려 학생들이 평소보다 더 얌전히 교육활동에 참여하기도 합니다.

수업을 참관하는 교사는 그 시간 수업 내용과 관련한 참관록을 작성합니다. 참관록은 수업준비와 수업실행, 평가 및 활용, 보조인력 활용 등에 대해 관찰내용을 기술하고 종합의견 란에 수업의 총평을 작성하여 담당 계원에게 제출합니다. 제출된 참관록은 수업 당사자에게 전달되며, 모든 참관록은 압축파일로 만들어 누구나 공유할 수 있도록 업무관리시스템의 내부결재를 받아 보관합니다.

동료장학 외에 신임교사의 경우는 전체 교사들을 대상으로 하는 수업연구를 합니다. 교수-학습계획안의 약안을 작성하여 수업을 공개합니다. 이때, 선배 교사들이 수업 참관 후 협의회를 통해 수업과 관련된 사항에 대해 지도 조언을 합니다. 어떤 의미에서는 이러한 지도 조언으로 인해 마음에 상처를 입기도 하겠지만 앞으로 보다 나은 교직생활을 하는 데 귀한 밑거름이 될 것입니다.

"수업에는 왕도가 없다."고 합니다. 다시 말해 하나의 틀로 정해진 정형화된 교수법은 없습니다. 하지만 교사는 항상 맡겨진 학생들을 변화시킬 수 있는 자신만의 노하우를 가지고 있어야 합니다. 그래서 본교 교사들은 이러한 동료장학을 통해 학생들의 눈높이에 맞추어 다양한 교재, 교구를 준비하고, 장애 특성에 맞는 지도 프로그램을 개발하여 학생과 부모들로부터 더욱 훌륭한 교사로 인정받을 수 있기를 기대해 봅니다.

- 2014년 12월호 -

특수교육학과 학생들의 견학과 실습 모델 학교

대학과 현장과의 연계지도를 통한
우수교사 양성을 꿈꾸며

2015년 1월 현재, 우리나라에서 특수교육이나 특수체육, 직업재활, 유아특수재활 등 장애 관련 교육 및 재활관련 학과가 개설된 대학교는 40여 개에 달합니다. 또한 10여 년 전부터 많은 대학교에서 교육대학원이나 특수교육대학원에도 특수교육 관련 학과를 만들어 교사 양성을 해오고 있습니다. 그래서 요즘에는 특수교육현장의 교사 수요에 비해 너무 많은 교사자격증 소지자들이 배출되고 있어 공립학교 임용시험이나 사립학교 교사 채용시험의 경쟁률이 매우 높습니다.

사실 1980년대 초반까지만 해도 특수교육학과를 두고 있는 대학이 대구대학교와 단국대학교, 이화여자대학교밖에 없었기에 특수교육 교사를 희망하는 졸업생들은 대부분 현장에서 일할 수 있었습니다. 더구나 1980년 중반에 일반학교 내 특수학급이 급격하게 증가하면서 특수교육 교사 자격을 가진 교사가 부족하여 일반교사 중에서 연수나 시험을 통해 특수교육 교사 자격을 취득한 경우도 있었습니다. 그러나 최근에는 지방 및 신생 대학교에서도 특수교육 관련학과가 생겨나 특수교사 자격증을 소지한 사람이 넘쳐나고 실정입니다.

이러한 대학의 양적 성장과 함께 질적 변화를 위해 많은 대학교에서 현장과의 산학협력(MOU) 체결을 요청하고 있습니다. 또한 학생 개인적으로도 대학에서 배운 이론을 특수교육 현장에서 적용해보려고 견학과 봉사활동, 그리고 교육실습을 희망하고 있습니다. 본교에서는 이러한 대학교와 자매결연을 하고 상호협력을 통한 공동연구와 함께 대학생들을 학급에 배치하여 수업과 행사 등 교육활동의 보조 인력으로 활용하고 있습니다.

특히 전주 우석대학교 유아특수교육학과의 경우, 10여 년 전부터 지방대학의 열악한 환경을 극복하고자 학과 차원에서 학생들을 서울시내 특수교육 관련 기관에서 봉사와 실습을 할 수 있도록 많은 지원을 하고 있습니다. 매주 금요일 새벽 4시에 학생들은 대학에서 준비한 관광버스를 타고 서울 사당역으로 와서 본교를 비롯한 몇몇 특수학교와 특수유치원 등에서 자원봉사활동을 마치고, 오후 3시경 다시 사당역에 모여 전주로 내려가는 일을 꾸준히 하고 있습니다.

또한 8년 전 본교와 MOU를 체결한 순천향대학교 특수교육학과는 매년 대학교 2학년 생들에게 '교육봉사' 과목을 개설하여 학생들에게 현장체험의 기회를 제공하고 있습니다. 이들은 매주 금요일 약 15주 동안 교육봉사를 하며 또 본교에서 사전 직무교육을 받습니다. 그리고 이들은 주로 고등학교 '전환교육의 날'에 복지관과 직업훈련센터, 굿윌스토어 등에서 이루어지는 직업재활훈련 프로그램의 현장 직무지도 요원으로 활동하고 있습니다. 이러한 산학 연계교육은 대학생들에게는 현장을 널리 이해할 수 있게 하고, 본교에서는 부족한 인력을 확보하여 발달장애 학생들의 다양한 교육적 욕구를 충족시켜 줄 수 있어 서로에게 유익한 일이 됩니다.

또한 많은 지방 대학교에서도 학생들에게 선진 시설과 교육활동 우수 특수학교를 단체로 견학하는 사업을 매년 실시하고 있습니다. 1박 2일이나 2박 3일간 진행되는 대학생 견학 프로그램에서 본교는 매년 선택됩니다. 작년의 경우 인근의 강남대학교와 단국대학교, 중부권의 백석대학교와 나사렛대학교, 그리고 호남권의 조선대학교와 새한대학교, 영남권의 대구대학교와 부산장신대학교 학생들이 단체로 전세버스를 이용하여 본교를 방문하였습니다.

이러한 대학교의 단체 견학 이외에도 유아교육학과나 사회복지학과, 그리고 교직과목에서 특수교육학을 선택하여 수강하는 학생들은 특수교육기관 탐방 리포트를 작성하기 위해 개인적으로 견학 신청을 합니다. 사실 학교가 교육활동과 각종 행사 등으로 매우 분주하지만 이러한 대학생들의 견학과 실습 요청을 거절하지 못하는 것은 무엇보다도 예비 특수교육 교사를 바르게 양성해야하는 사명과 책임이 있기 때문입니다.

한편 특수교육이나 사회복지와 무관한 대학생들이 본교에 자원봉사를 나올 경우에도 장애인의 바른 이해 교육을 통해 장차 특수교육과 장애인복지의 적극적인 지원자로 만들려고 노력하고 있습니다. 이러한 학교 경영 방침에 따라 본교는 우리나라 특수학교 중에서 견학과 교육실습의 모델이 되고 있습니다. 그리고 본교는 특수교육학과 졸업생들이 교사로 가장 근무하고 싶어 하는 최고의 명문학교라는 자부심을 가지고 최선의 노력을 다하고 있습니다.

- 2015년 1월호 -

교직은
전문직이다

교육공무원법 제41조에 의한 연수

앨범이야기 54

"교사는 방학이 있어 참 좋겠다."고 흔히들 이야기합니다. 특히 장기 휴가를 잘 내지 못하는 일반 회사원들에게는 여름과 겨울, 약 한 달 정도씩 출근을 하지 않아도 되는 교원들이 부러움의 대상이 됩니다.

그러나 교사들에게 방학은 쉼과 함께 자기연찬(自己研鑽)의 시간이라 할 수 있습니다. 그래서 일반 사람들이 생각하는 휴식의 개념과는 달리 방학 중에도 모든 교사들은 〈교육공무원법 제41조에 의한 연수〉라는 규정에 따라 방학을 시작하기 전에 자가 연수원을 제출합니다. 교육공무원법 제41조에는 '연수기관 및 근무 장소 외에서의 연수'를 규정하고, 교원은 수업에 지장을 주지 아니하는 범위에서 소속기관 장의 승인을 받아 연수기관이나 근무 장소 외의 시설 또는 장소에서 연수를 받을 수 있도록 합니다. 그리고 교사들은 각자 방학 중에 계획한 연수를 마치고, 학교에서 규정한 양식에 따라 자가 연수물을 작성하여 연수 담당자에게 제출합니다.

지난 겨울방학 중 본교 교사들의 자가 연수원을 살펴보니 예년에 비해 특수교육 관련 분야의 직무연수에 참여하는 비율이 높아졌습니다. 특히 자폐범주성 장애학생의 긍정적 행동지원을 위한  연수와 각 교과별 수업자료 개발을 위한 연수에 많은 교사들이 등록하고 있어 고무적인 현상으로 생각되었습니다. 왜냐하면 사실 본교 200여 명의 재학생 중 자폐범주성 장애를 가진 학생이 80% 이상을 차지하고 있어 교육활동 중에 흔히 발생하는 학생들의 부적응 행동에 대해 올바른 대응 방안을 모색하기 위한 전문적인 노력이 부단히 요구되고 있기 때문입니다.

물론 이러한 직무연수는 방학 중에만 이루어지는 것이 아니라, 학기 중에도 교원들은 각종 원격연수원을 통해 다양한 분야의 연수를 이수하고 있습니다. 서울특별시교육청에서도 교원들의 전문성을 높이기 위해 모든 교원은 1년에 60시간 이상(4학점) 직무연수를 이수하도록 강화하고 있습니다. 직무연수에 따른 연수비를 1년에 10만원 범위 안에서 지원하고 있습니다. 먼저 교사들이 학기 중이나 방학 중에 인가된 연수전문기관이나 인가된 원격연수원에 등록하여 연수를 이수한 후 이수증을 학교 담당자에게 제출하면 교육청으로 연수비를 일괄 신청하여 각 개인별로 해당하는 금액만큼 지급합니다.

특히 작년에 있었던 '세월호 사건' 이후에는 수업과 장학 관련 직무연수 외에 학생들의 안전지도 관련 연수가 많이 개설되었습니다. 본교에서도 정책적으로 '학생 안전지도 매뉴얼'을 만들어 일상 생활지도뿐만 아니라 각종 수련활동(현장체험학습, 캠프, 테마 여행 등)에서 학생들의 안전사고 예방과 함께 위기상황 발생 시 효율적인 대처를 할 수 있도록 심폐소생술과 같은 실제적인 체험 연수를 정기적으로 실시하고 있습니다.

또한 본교 교사들 중에는 제과제빵, 바리스타, 가죽 공예. 포장 공예, 압화, 스크랩북킹, 클레어 아트 등 다양한 직업교육 관련 자격증을 개인적으로 전문학원에서 취득하여 그 재능을 다른 교사들에게 나누어주기 위한 연수를 학기 중에 수시로 개설하고 있습니다. 이러한 동료교사 상호 간의 소규모 실기연수가 보다 활성화되도록 학교에서도 일부 재료비를 지원하고 있습니다.

  교사는 학생들과 부모들로부터 신뢰받고 자부심을 가지려면 무엇보다도 학생들을 진심으로 사랑하는 마음이 있어야 합니다. 나아가 자신이 맡은 학생들의 필요를 채워주는 교육활동, 즉 수업을 충실히 하는 것입니다. 그렇게 하려면 특수교육교사는 학생의 장애 특성과 잠재 능력을 고려한 다양한 교수-학습 방법을 고안하기 위해서 부단한 연구와 연찬 활동을 해야 합니다.

  본교 교사들은 이번 방학 중에도 하나님으로부터 부여받은 교직의 사명을 다하기 위해 다른 어느 학교 교사들보다도 더욱 다양한 분야의 직무연수에 참여하여 전문성을 높이고 있습니다. 이러한 많은 연수와 대외 연구 활동을 통해 현장 교육이 활성화되고 학교의 위상도 더욱 높아져 한국 특수교육의 미래를 열어 갈 것으로 기대하고 있습니다.

- 2015년 2월호 -

꾹꾹 눌러 쓴 **행복**
175

동아리 활동 시간이
더욱 즐거워졌어요

한국문화예술교육진흥원의 예술 강사 지원 사업

"덩더쿵 덩더쿵"

매주 목요일 오후, 학교 본관 1층 창윤홀에서는 신나는 음악에 맞추어 장구 소리가 신명나게 울려 퍼집니다. 문화예술교육지원센터에서 파견된 국악 담당 선생님의 우렁찬 목소리에 맞추어 학생들이 열심히 장구 장단을 치고 있습니다. 흥으로 가득 찬 창윤홀을 들여다보면 덩달아 어깨춤이 나오곤 합니다.

'예술 강사 지원 사업'은 학교 문화예술교육 활성화를 위해 전국 초등·중·고등학교

및 특수학교에 전문 예술 강사를 파견, 지원하는 사업으로, 문화체육관광부와 교육부 공동 협력 하에 문화체육관광부와 17개 시·도교육청, 지방자치단체의 펀드 매칭으로 진행되고 있습니다. 현재 연극, 영화, 무용, 만화/애니메이션, 공예, 사진, 디자인, 국악 등 총 8개 분야에서 강사들이 다양한 교육활동을 하고 있습니다.

  본교에서는 학생들에게 예체능 분야의 다양한 체험과 실기 지도를 강화하기 위해 7년 전부터 예술 강사를 지원받고 있습니다. 매년 10월경에 문화예술교육지원센터에 강사 파견을 요청하는 신청서를 접수하면 심사를 거쳐 이듬해 신학기부터 강사를 파견합니다. 처음에는 무료로 지원해주는 사업이라 연극과 만화/애니메이션, 사진, 국악 등 여러 분야를 신청하였으나 본교 수업시간과의 연계가 잘 이루어지지 않아 현재는 국악 분야만 지원받고 있습니다.

  현재 국악 동아리 수업을 담당하는 김민경 선생님은 2년째 본교를 자원하여 나오고 있는데 초등학교 고학년(4~6학년)과 중학교 학생들의 창의적 체험활동(동아리활동) 시간과 종일반(돌봄교실) 학생들의 특별 수업 시간에 국악 분야 악기와 율동 지도를 해주고 있습니다. 김민경 선생님은 정해진 수업시간보다 항상 일찍 오시고 수업자료도 많이 준비하여 학생들이 수업을 기대하며, 선생님이 수업시간에도 늘 밝은 표정으로 열정적으로 지도하다보니 장구 치는 박자를 잘 모르던 학생들도 잘 따라주고 수업이 더욱 즐겁고 활기차게 진행됩니다. 물론 예술 강사 수업 때는 학생들의 학습수준과 특성을 잘 알고

있는 본교 선생님들이 동참하여 학생들의 관리와 수업진행 보조를 합니다. 본교 선생님들도 이러한 전문 예술 강사의 수업에 참여하면서 예능 분야의 전문 기능을 좀 더 깊이 이해하고 자연스럽게 국악의 리듬을 익힐 수 있는 좋은 기회로 삼고 있습니다.

  한편 예술 강사를 지원받을 경우 학교에서는 몇 가지 행정적인 업무를 처리해야 합니다. 본교에서는

특별활동 부장이 예술 강사 파견사업의 업무를 담당하고 있는데 강사가 수업을 하고 나면 한국문화예술교육진흥원 통합운영시스템(ums.arte.or.kr)에 접속하여 예술 강사가 등록한 수업일지를 보고 출강을 승인해주고, 강사의 교육활동에 필요한 기자재 지원과 교육환경 정비 등을 합니다.

또한 예술 강사의 지원 사업과 국악담당 선생님의 수업활동에 대해 단국대학교 산학협력단 담당 교수님이 직접 본교를 방문하여 평가를 실시하였는데 특별활동 부장과 초등학교 고학년 동아리 협력수업 선생님들은 모두 예술 강사 지원 사업에 만족했고 앞으로 수업시수를 더욱 확대해 주었으면 좋겠다고 제안하였습니다. 올해에도 국악 예술 강사의 지원이 선정되었다는 공문을 받았습니다. 10월에 계획된 '특별활동 종합발표회(학예회)'에서 김민경 선생님의 지도를 받는 국악 동아리 학생들이 신명나는 연주로 첫 무대를 장식했으면 합니다.

앞으로 본교 학생들의 문화예술교육이 더욱 활성화되었으면 하는 바람과 함께 본교 교사들도 문화예술 운동에 동참하길 기대합니다. 취미활동 및 은사 계발뿐 아니라 정서 함양에도 도움이 되는 악기연주가 활성화되어 모든 교사가 1인 1악기를 연주할 수 있는 날이 오기를 기대해 합니다.

- 2015년 3월호 -

졸업!
또 다른 성장과 발전의 시작입니다

제18회 밀알학교 졸업식 이모저모

지난 2월 13일(금) 오전 10시, 제18회 졸업식이 신관 2층 도산홀에서 진행되었습니다. 유치원 2명, 초등학교 14명, 중학교 16명, 고등학교 21명, 전공과 12명이 소정의 교육과정을 이수하고, 이날 영광의 주인공들이 되었습니다. 이들 졸업생 대부분은 각각 초등·중·고등학교, 전공과 과정으로 진학하여 본교에 다시 입학하게 되었지만 지난 3년간, 또는 6년 과정의 수료는 참으로 의미 있는 시간들로 축하를 받기에 충분합니다.

비록 정신연령상의 발달과 변화는 학생에 따라 차이가 있지만 그동안 학생들은 교육부에서 정한 교육과정의 단위시간에 다양한 교과와 창의적 체험활동 수업을 충실히 받았습니다. 중·고등학교와 전공과의 경우 실습 중심의 직업 진로와 전환 교육 활동을 통해 인지발달뿐만 아니라 일상생활 자립 능력의 향상을 가져와 일부 학생들은 회사와 작업장 등에 취업하여 당당히 납세인의 삶을 누리게 되었습니다.

본교 졸업식의 특징은 졸업생 모두가 단상으로 올라와 상장을 받는다는 점과 고등학교 졸업생들에게는 앞으로 사회에 진출하여 자신의 역량을 높이고 지속적인 성장을 바라는 마음으로 축복의 안수기도를 해주는 것

입니다. 안수기도는 본교가 개교할 때 건물을 세워주고 지금까지 한 지붕 두 가족 생활을 하며 지원을 계속해 주고 있는 '남서울은혜교회' 목회자들과 장로님들이 담당하고 있습니다. 학생 한 명, 한 명 일일이 머리에 손을 얹고 혼신의 힘을 모아 뜨겁게 간구하는 모습은 보는 이들을 숙연하게 했습니다.

특히 올해는 전공과 졸업생 자녀를 둔 부모들에게 감사장을 수여하는 순서를 추가하였습니다. 유치원 3년, 초등학교 6년, 중학교 3년, 고등학교 3년, 전공과 2년, 총 17년간의 학교교육 기간 동안 매일 자녀의 등·하교 지도와 학교 교육활동에 관심을 가져주시고 함께 동참해주신 그 노고를 격려하기 위한 것입니다. 한 분, 한 분에게 진심으로 감사하는 마음을 담아 영광의 감사장과 정성스런 선물을 전달하였습니다.

그리고 감사장 수여의 답례로, 전공과 졸업생 학부모를 대표하여 김효근 학생 어머니가 '학교를 떠나며' 라는 편지글을 낭독하였습니다. 효근이가 본교 유치원에 입학하던 시절, 교실 의자에 앉지도 않고 도망을 다녀 힘들게 했던 일을 회상하는 것에서부터 지난 17년간의 학교 교육 활동을 통해 이제는 스스로 학교버스를 타고 등·하교를 하며, 열쇠로 아파트 문을 혼자 열고 들어올 만큼 성장했다는 그 대목에서는 가슴이 찡했습니다. 교사와 보조원, 많은 자원봉사자들의 수고와 노력에도 고마워하시는 그 말씀에 교직원들은 더욱 열심히 학생들을 지도해야겠다는 다짐을 하게 되었습니다. 졸업식에 참석한 많은 재학생 부모들과 친척들은 새로운 소망과 기대를 가졌습니다.

그리고 올해 고등학교 졸업생 중에 학교의 명예를 드높인 학생은 안동시에 있는 가톨릭상지대학교 사회복지학과에 당당히 입학한 이선우 학생입니다. 고등학교 1학년 때 일반학교 특수학급에 다니다가 전학 온 선우는 그동안의 열등감에서 벗어나 본교에서는 자신의 역량을 다양한 방면에서 나타내어 선생님들로부터 많은 칭찬을 받았습니다. 때로는 친구들을 도우며, 모범 학생으로 자신의 끼를 발휘하기도 하였습니다. 직업 교과 시간에는 요한 카페의 바리스타로, 예배 때는 워십과 기타 반주를 하기도 했습니다. 또한 운동에도 소질이 있어 서울시 지적장애인 축구팀의 일원으로 전국대회에 자주 출전하였으며, 한국 스페셜올림픽에서는 수영과 육상 등에서 금메달을 휩쓸어 학교의 이름을 드높였습니다. 졸업식 날 선우 군에게 축하의 악수를 건네면서 "앞으로 대학에 가서 더욱 열심히 공부하고 운동도 계속하라."고 당부하였더니 "교감선생님! 감사합니다. 대학생활을 멋지게 하고 싶고, 또 방학 때는 밀알학교에 와서 동생들을 돕는 봉사활동을 하겠습니다."라고 했습니다. 참으로 믿음직한 제자를 두게 되어 마음 든든하고 교직자로서 보람을 느꼈습니다.

그래서 졸업식은 지금까지의 이별의 아쉬움과 불안감에서 벗어나 새로운 도전과 성장을 위한 디딤돌이라고 여기게 되었습니다. 올해 졸업한 모든 학생들에게 이 자리를 빌어 다시 한 번 하나님의 은혜와 축복이 함께하길 기도하며, 이들을 기도와 눈물로 힘겹게 양육해 오신 부모님들에게도 감사와 격려의 마음을 전합니다.

- 2015년 4월호 -

학교 가는 것이 좋고 행복하다고 해요

학교적응활동을 통한
학교와 가정의 신뢰 프로젝트

매년 3월초 신학기를 맞이하면 학생들은 새로운 담임교사와 친구들, 그리고 낯선 환경으로 인해 어려움을 겪습니다. 더구나 유치원과 초등학교 1학년 신입생들은 학교라는 새로운 환경에 적응하기 위해 일정 시간이 필요하며 안정감을 얻기 위한 의도적인 노력이

절실히 필요합니다. 이를 위해 신·전입생 학부모들은 본교 경영방침과 각 과정별 교육 활동에 대한 정보를 얻고 싶어 합니다. 재학생 부모들도 담임교사와 교과 교사들의 교육 방침과 활동 내용에 대해 관심을 가지고 상담 시간을 기다립니다.

그래서 본교는 개교 이후 줄곧 '학교 적응 활동' 기간을 정하여 1학기에 3-4주간, 2학기에는 개학 후 1주간 동안 학생들이 학교 교육환경에 잘 적응할 수 있도록 다양한 체험 활동을 전개합니다. 이 기간에 담임교사는 부모들과 개별 상담을 통해 학생 개개인의 현재 성취 수행능력과 특성에 대해 자세히 파악하여 개별화 교육 계획 설계의 기초 자료를 얻습니다. 학부모 상담 시간을 확보하기 위해 1주간 정도는 전교생이 단축수업을 실시하여 모두 5교시를 마치고 하교합니다. 학부모의 학교 방문이 어려운 경우에는 담임교사가 가정을 방문하여 학생들의 생활 모습을 파악하기도 합니다.

학교 적응 활동 기간 동안, 수업은 각 학급별로 실시하며, 과정별 그룹 지도가 요구될 때에는 그룹 지도를 융통성 있게 합니다. 특히 유치원 과정은 적응 활동 기간 동안 생활

교과 중심으로 운영하며, 초등학교 1학년은 '창의적 체험 활동'으로 교육 과정을 운영합니다. 유치원 및 초등학교 1학년의 경우, 2주 동안 개별 등교와 함께 4교시 수업 후 12시 10분에 점심식사를 하지 않고 개별 하교를 합니다. 왜냐하면 신입생들은 급식 활동과 통학버스 이용을 위해 일정한 준비 과정이 필요하기 때문입니다.

이 기간에는 학생들의 현재 수행 능력에 대한 보다 객관적이고 정확한 정보를 얻기 위해 전교생을 대상으로 이전 학년도 IEP(Individualized Educational Program 개별화 교육 프로그램) 수행 수준의 분석과 교육 과정에 기초한 발달 상황을 체크합니다. 특히 유치원과 초등학교 신입생 및 전입생을 대상으로 CARS(Childhood Autism Rating Scale 아동기 자폐증 평정척도) 검사를 합니다. 사회성숙도검사는 유치원과 초등 1학년 및 4학년 학생을 대상으로 합니다.

이러한 과정을 통해 학생 개개인의 IEP가 작성되면 제4주 목요일(2015년 3월 26일)에는 전교생 학부모들을 초청하여 담임교사가 학급별 집단 상담을 합니다. 학부모들은 담임 및 교과교사가 한 학기 동안 지도할 교육 활동 내용과 자녀의 개별화 교육 과제에 대해 살펴보고 개별 상담 시에 요구했던 내용과 대체로 일치하면 IEP 양식에 학부모 동의란에 서명을 합니다. 이러한 과정은 '장애인 등에 대한 특수교육법' 시행령에서 규정한 개별화 교육 계획 팀에 의한 교사의 IEP수립과 학부모 동의, 교육 실시 후 평가의 절차에 의거한 활동입니다.

그리고 학교 적응 활동 기간에는 전교생이 명찰을 달도록 하여 미아발생에 대한 예방 조치를 하고 있습니다. 현장 체험 활동도 학생들의 안전을 고려하여 실시하지 않고 있습니다. 특히 이 기간 동안 대학생 및 주부 자원봉사자들을 많이 확보하여 이후의 다양한 교육 활동을 지원하려고 많은 노력을 기울입니다.

 이와 같이 본교 교직원들은 학생들의 안전을 가장 먼저 고려하고, 나아가 각 과정별 학생 수준과 특성에 따른 교육 활동을 계획하고 실천하기 위해 많은 준비를 합니다. 이러한 학교 적응 활동을 통해 학생들은 학교의 분위기에 빨리 적응하고 있습니다. 학부모들도 교육 활동에 만족하고 학교를 신뢰하고 있어 올해도 학생들이 행복한 학교를 만들어갈 수 있으리라 기대합니다.

- 2015년 5월호 -

밀알학교 행복 이야기
184

산을 오르는 즐거움에 빠져봅시다

과정별 대모산 등산 활동을 통한
지구력 기르기

행복이야기 58

"선생님! 힘들어요. 조금 쉬었다 가요." 하늘이의 이마에 땀이 맺히기 시작했습니다. "조금만 더 올라가면 약수터가 나오니 그 곳에서 쉬도록 하자!" 담임선생님은 학생들의 얼굴 표정과 건강 상태를 살피면서 등산의 목적인 지구력을 기르기 위해 학생들을 계속 격려하며 발걸음을 재촉했습니다. 이 날은 필자도 고등학교 2학년 3반의 부담임을 대신하여 자원봉사자로서 함께 산행을 했습니다.

지난 3월 신학기를 시작하여 한 달간은 학교 적응활동 기간을 가졌습니다. 그리고 4월부터 매주 각 과정별로 '대모산 등산 활동'을 하고 있습니다. 사실 이러한 등산 활동은 자폐성 장애학생들이 대부분인 본교에서 개교 초기부터 지난 10여 년 간 매주 토요일에 실시하는 특색 교육 활동으로 자리매김해 왔던 것입니다. 그러나 토요 휴업일

이 생겨나면서 등산 활동은 점차 줄어들었고, 한동안 중단되었습니다. 그러다, 올해부터 다시 평일 오전 2시간 정도 각 과정별 교육과정 협의를 통해 전면적으로 하게 되었습니다.

학교 건물 뒤편의 밀알농장으로 나가는 길을 따라 가면 자연스레 대모산으로 올라가는 등산로와 연결이 됩니다. 등산로로 접어들면 약간의 오르막도 있지만 학생들은 담임교사와 실무사, 그리고 자원봉사자들과 함께 밝고 씩씩한 모습으로 산행을 합니다. 학급별로 당일 학생들의 몸 상태를 고려하여 담임교사가 산행의 속도나 올라가는 높이를 결정합니다.

대모산은 평일에도 일반 등산객들이 많이 찾는 산입니다. 그만큼 각종 부대시설이 잘 갖추어져 있습니다. 등산로가 잘 정비되어 있을 뿐만 아니라 군데군데 벤치가 있고, 산중턱에는 체육시설과 약수터도 여러 군데 있습니다. 그래서 학생들이 안전하고 다양한 체력활동을 할 수 있어서 정말 좋은 장소입니다.

산 정상에 오르면 주변 아파트 단지와 양재대로, 양재천을 한눈에 내려다볼 수 있어 가슴이 확 트입니다. 학생들도 무언가 이루어 내었다는 성취감 때문인지 밝은 표정이 됩니다. 더구나 땀을 식혀주는 시원한 바람과 지저귀는 새소리, 신록의 아름다운 모습을 온몸으로 느낍니다. 삼삼오오 짝을 지어 멋진 포즈로 사진을 찍기도 하고 간식을 나누어 먹는 즐거움은 산행의 묘미입니다.

산을 내려올 때 길가의 풀꽃들도 우리 학생들의 산행을 반기는 듯 예쁜 자태를 뽐냅니다. 학교로 돌아와서는 무사히 등산 활동을 잘 마쳤기에 서로를 격려하며 박수를 쳐주고, 또 다음 주 산행을 기대하며 힘차게 파이팅을 외쳤습니다.

학교 근처에 이렇게 아름답고 산행하기 좋은 산이 있음을 다시 한 번 감사하게 되었습니다. 앞으로 학교에서 뿐만 아니라 가정에서도 우리 학생들 가족 모두의 건강과 행복을 위해 등산 활동이 계속 이루어지길 바랍니다.

꽃

장유진

항상 웃고 있습니다.
매일 기분이 좋은가
봅니다.

바람과 햇님과 풀과
함께 박자를 맞춰
춤을 춥니다.

그래서
꽃은
친구가 많은가 봅니다.
친구도 꽃이 좋은가 봅니다.

- 2015년 6월호 -

밀알보 2015년 4월호에 소개된 장유진(뇌병변장애) 시인의
시를 6월호부터 '밀알학교 행복 이야기'와 연계하여 싣습니다.

어머니! 밥상 차렸습니다

전공과(專攻科) 학생들의 어버이날 특별 행사

사랑하는 부모님께

부모님! 안녕하세요?

항상 부모님께 감사한 마음은 가지고 있지만 표현이 서툴러 저의 마음을 제대로 전하지 못했습니다. 겉으로 잘 표현되지는 않았어도 저희들의 마음속에는 늘 부모님을 생각하고 감사한 마음을 가지고 있습니다. 부모님께서 저희들을 아끼고 사랑해주는 것만큼 그 사랑을 부모님께 표현하고 보답하고 싶습니다. (중략)

오늘 그 사랑을 조금이나마 전하고자 우리 전공과 친구들이 선생님들의 도움을 받아 이렇게 밥상을 차렸습니다. 맛은 어떨지 모르지만 저희들의 정성을 생각하여 많이 드시기 바랍니다.
앞으로도 저희들이 부모님의 큰 기쁨이 될 수 있도록 노력하겠습니다.
부모님! 감사합니다. 이만~~~큼 많이 사랑합니다.

위 글은 지난 5월 7일 본교 전공과 어버이날 특별 행사인 '어머니! 밥상 차렸습니다.' 중 대표 학생이 읽었던 편지글입니다. 이 글을 읽을 때 많은 어머님들의 눈에 이슬이 맺혔고, 손수건으로 몰래 눈물을 훔치기도 하였습니다.

실로 감동적인 장면이었습니다. 평소 발달장애 자녀를 키워오면서 이들이 늘 다른 사람의 도움을 받아야만 한다고 생각하였는데 부모님을 위해 정성껏 준비한 밥상을 보니 기특하고 대견한 마음이 들었다고 하셨습니다. 그동안 가슴 깊이 묻어두었던 감정을 주체할 수 없었던 모양입니다.

이 행사는 몇 년 전에도 진행한 적이 있었는데 이번에는 밥상 차리기뿐만 아니라 식전 행사로 감사의 글 낭독과 꽃 달아드리기, 학생들의 악기 연주, 교육활동 영상 감상 등을 통해 더욱 풍성하고 뜻깊은 자리를 만들었습니다.

이런 행사에는 대부분 어머니들만 오시는데 올해는 아버지도 한 분 참석하여 분위기가 더욱 좋았습니다. 비록 좀 서툴고 부족하지만 학생 모두가 참여하여 정성껏 만든 음식을 맛있게 먹는 부모님들의 모습을 보면서 우리 학생들도 기분이 좋았습니다. 식사 후에 부모님들은 오랜만에 클래식 음악을 들으며, 후식으로 준비한 차와 과일도 드시면서 각 반별로 이야기꽃을 피웠습니다.

이번 특별행사를 준비하느라 수고한 전공과 선생님들도 부모님들의 격려와 감사 인사, 그리고 놀라운 반응을 보면서 '그동안 힘들었던 순간들이 기쁨과 보람으로 바뀜'을 느꼈습니다. 그리고 졸업 후 우리 학생들이 지역사회에서 취업 등 사회적인 자립과 생활 안정을 도모하기 위해 더욱 체계적인 훈련과 교육을 해나가고자 다짐하는 계기가 되었습니다.

전공과 학생들은 유치원 과정부터 고등학교 과정까지 15년간의 학교생활을 통해 많은 행사를 경험했습니다. 이 날은 부모님이 행복해하시는 모습을 봄으로써 자신들도 함께 기쁘고 즐거웠습니다. 앞으로 다른 과정에서도 더욱 의미 있고 학생들의 행복과 자존감을 높일 수 있는 행사들이 많이 계획되고 추진되길 기대해 봅니다.

엄마

장유진

우리들을 낳아주시고
길러주신 고마운 우리 엄마

집 안 살림도 하시는데
우리 엄마가 힘이 드실 것 같아요
왜? 그건 설거지도 하시고
밥도 차려주시고 힘든 청소와
정리 정돈도 하시니까요

우리들은 엄마를 도와주고 싶지만
너무 어렵고 힘도 들고
할 수도 없어서

우리들은 그냥
우리들이 할 수 있는 것을 하지요
그건 바로 내 방 정리 정돈

힘도 조금 들지만
우리들은 엄마를 생각해서
한 번이라도 해보지요

엄마 사랑하고 힘 내세요
파이팅!

- 2015년 7월호 -

교육은 지식이 아니라 감동으로 하는 것

밀알 교육헌장의 실천을 다짐하며

밀알 교육헌장

우리 밀알학교 전 교직원은 사랑과 봉사 섬김과 나눔의 기독교 정신으로 학생들에게는 꿈과 끼를 키우는 교육, 학부모들에게는 행복과 감동을 주는 교육을 실천하기 위해 다음과 같이 노력하겠습니다.

첫째, 학생들을 인격적으로 대하고 사랑, 배움, 행복을 누리는 학생이 되도록 열정과 정성을 다하겠습니다.

둘째, 학생, 학부모, 지역사회의 의견을 적극 반영하는 소통과 협력의 학교 문화를 만들겠습니다.

셋째, 청렴하고 건전한 생활을 솔선수범함으로써 학생과 학부모들에게 본보기가 되도록 책임과 의무를 다하겠습니다.

요즘 들어 밀알학교에 입학과 전학을 희망하며 상담을 요청해오는 발달장애아 부모님들이 많이 늘어나고 있습니다. 특히 현재 지방에 거주하고 있는데 해당 학년에 자리가 있으면 바로 이사를 하겠다고 적극적인 의지를 보이기도 합니다. 그러나 본교는 유치원

이나 초등학교 1학년 입학 때부터 정원을 초과하여 지원하기 때문에 학기 중간에는 좀처럼 학생을 받지 못하고 있는 실정입니다.

안타까운 마음에 집 근처 특수학교나 특수학급이 있는 일반학교를 소개해주고 있습니다. 하지만, 학부모들은 '다른 학교보다 밀알학교가 교육시설뿐만 아니라 발달장애 학생을 위한 교육 프로그램이 잘 갖추어져 있다. 특히 자폐성 장애 학생의 특화교육의 성과가 높다는 이야기와 교사들도 학생들의 인격을 존중하고 열정이 많다고 들었다.'며 빈자리가 나면 꼭 연락을 해달라고 신신 당부합니다.

이런 학부모들의 이야기를 들을 때마다 개교 당시 어려운 여건 속에서 밀알학교를 세워주시고 지금까지 인도해주신 하나님께 감사한 마음을 드립니다. 동시에 주님의 사랑과 지혜로 학생들을 더 잘 가르치며, 학부모들에게도 기쁨과 소망을 드릴 수 있도록 더욱 노력하리라 다짐하게 됩니다.

그러한 의미에서 앞에서 소개한 [밀알교육헌장]은 교직원들이 밀알정신을 마음 깊이 새기고 교육 실천을 다짐하는 언약서입니다.

홍정길 이사장님께서도 본교 교직원 영성훈련 때 '남서울은혜교회가 밀알학교를 세우면서 기대한 점은 이 학교가 단지 서울특별시교육청이 요구하는 교육만을 실천하는 것이 아니라 장애 때문에 그동안 차별받고 심령이 메말라가는 많은 발달장애 학생들과 그 부모들의 영혼을 살리는 교육까지 감당하는 아름다운 공동체가 되었으면 한다.'고 강조하셨습니다.

밀알학교는 올해 3월로 개교 18주년이 되었습니다. 이제 성인이 된 만큼 자부심을 갖고 더욱 성숙한 모습으로, 한국의 특수교육과 장애인복지 현장에서 그 책임과 역할을 다할 것입니다.

꿈새

장유진

나도 언젠가
하늘을 날 수 있는 날이
오겠지?

내 마음은 지금
자그마한 알 속에서
날개를,
꿈을 펼치기 위해 버둥거리며
알을 까는 중

언제 올까?
꿈이 이루어지고
내가 이 나라에
훌륭한 새가 되는 날이

지금은 아직 어려
어미 새의 도움을
받지만
더욱 노력하면
될 거야.

나는야
새로운 희망과
꿈을 품은
꿈 새

– 2015년 8월호 –

밀알학교 행복 이야기
194

'배워서 남 주기' 위한
참 교육을 실천하는 곳

청계 자유 발도르프학교
12학년 학생들의 봉사활동

행복이야기 **61**

　본교에는 여러 연령층, 다양한 형태의 자원봉사자들이 있습니다. 1997년 3월 개교할 때부터 발달장애 학생들의 다양한 교육적인 욕구를 충족시켜주기 위해 교사의 수업과 현장체험학습 등을 도와줄 자원봉사자들을 모집하였습니다. 그리고 소정의 교육훈련과정을 거친 자원봉사자들을 교육현장에 배치하고 있습니다.
　개교 초기에는 주로 전업 주부 자원봉사자가 많았습니다. 학교 인근 아파트 부녀회와 교회를 찾아가 학교 소개와 함께 자원봉사를 요청하면 처음에는 거부를 하였습니다. 그러나

점차 마음의 문을 열고 봉사하는 분들이 오셨습니다. 봉사하시는 분들이 기쁨과 감동을 느끼면서 꾸준히 나오시는 분들이 늘어나게 되었습니다. 그리고 장기적인 보조인력 확보를 위해 그 후에는 특수교육이나 사회복지, 유아교육 등을 전공하는 대학교 교수님들
에게 대학생들이 교육실습의 일환으로 봉사할 수 있도록 적극적인 홍보를 부탁했습니다. 그 결과, 주 5일제 수업 이전에는 200여 명의 자원봉사자들이 학교 교육활동을 지원했습니다.

몇 년 전부터 토요일이 모두 휴업일로 되면서 전체 자원봉사자 수는 줄었지만 봉사자들의 연령이나 유형이 다양해졌습니다. 주부와 대학생들뿐만 아니라 외국 유학생, 학교나 직장을 퇴임하신 어르신들, 회사의 이미지 제고를 위해 직원들의 정기적인 봉사활동과 직장 동아리에서 월 1회 월차를 내어 봉사를 오는 팀(코스트크 양재점 늘푸른봉사회) 등이 본교 교육활동에 활력을 불어넣어주고 있습니다.

특별히 지난 1학기 말에는 의왕시에 자리 잡은 〈청계 자유 발도르프학교〉 제 12학년(고등학교 3학년) 학생 8명이 3주 동안 매일 본교로 출석하여 봉사활동을 했습니다. 원래 학기 중에는 고등학교 학생을 봉사자로 받지 않습니다. 그러나 이곳 발도르프학교는 대안학교로서 창의적이고 예술적인 발도르프 교육이념을 지향하고 실천하기 위한 교육과정의 일환으로 12학년이 되면 학생들은 의무적으로 사회봉사를 해야 합니다. 이러한 교육 철학이 있는 학교로 담당 교사가 함께 참여한다고 하여 허락하였습니다.

봉사 첫날 학생들을 만나보니 다른 고등학교 학생들과는 달리 기본적인 인사 예절이 갖추어져 있고, 봉사하려는 적극적인 의지가 있어 기대를 가졌습니다. 발달장애 아동에 대한 기초 이해 교육과 봉사자의 자세 및 활동방법에 대해 담당교사가 간단히 교육한 후에 학급별로 1명씩 배치하였습니다. 학교가 삼성서울병원 근처에 있어 6월 한 달 동안 메르스(중동호흡기증후군)로 긴장을 하며 지내고 있었는데 발도르프학교 학생들은 그

어려움 속에서도 교사들을 도와 모두 성실히 봉사하여 칭찬을 하고 싶었습니다.

봉사 마지막 날, 이들 학생들은 3주 동안의 소감문을 예쁜 종이에 적어 액자로 만들어서 교장선생님께 전했습니다. 이들의 정성에 대해 필자도 한 마디 훈화를 했습니다. "배워서 남 주자!"라는 구호를 따라하게 하고, 이곳에서 봉사활동 하면서 배운 것을 앞으로 더욱 열심히 실천하여 세상에서 소외되고 열악한 환경에 놓여 있는 어려운 사람들에게 희망과 용기를 주는 가치 있는 인생을 살아가는 인물이 되어달라고 당부하였습니다.

다음 편지의 글은 발도르프학교 학생들이 적은 소감문의 일부를 소개한 것입니다.

"너무 빨리 흘러가 버린 지난 3주 동안 정말 행복했어요. 사랑스러운 언니 오빠들과 마주하며 시간을 보낼 수 있게 해주셔서 감사합니다. 마음깊이 새겨 평생 잊고 싶지 않은 순간들이 참 많았어요. 언니 오빠들 곁에 오래오래 있고 싶은데 잠시 머물다 돌아가서 서운해요. 귀한 인연이 되어주신 선생님, 봉사자 분들, 언니 오빠들, 또 인연이 닿아 만날 수 있었으면 좋겠습니다. 밀알학교 고운 얼굴들이 많이 생각날 거예요." - 예나 -

"3주 동안 아주 멋진 경험을 했습니다. '장애인은 다르지 않다. 장애인을 차별하지 말라.' 이런 말들을 수없이 들어왔지만 제 안의 무의식적인 선입견은 버릴 수 없었습니다. 하지만 밀알학교에서 3주 동안 봉사를 하면서 그 선입견을 버렸습니다. 또 봉사를 지속적으로 일상적으로 하는 것이 중요하다는 것을 느꼈습니다. 감사합니다." - 진한 -

- 2015년 9월호 -

62 함께하면 통(通)하는 밀알유치원

역통합 교육을 통한 참교육이 이루어지는 곳

본교 유치원은 올해 6월 신관 1층 교회 탁아방을 리모델링하여 이전하였습니다. 이렇게 교실을 이전하게 된 이유는 발달장애아 부모들의 기대감 때문이기도 합니다. 사실 취학 전 장애 자녀를 둔 부모님들은 자녀가 성장하면서 장애 정도가 점차 완화되어 성인이 되면 어느 정도의 자립 생활을 하게 될 것을 기대합니다. 그래서 많은 비용을 들여 영·유아기부터 다양한 치료와 교육을 진행합니다. 정성을 쏟은 만큼 진전을 기대하지만 특수학교로 진학한 후엔 중·고등학교의 중도, 중복 장애 학생을 보며 자녀의 미래상을 보는 것 같아 또 한 번 낙심한다고 합니다. 그래서 특수학교 유치원은 교육 프로그램과 교사의 전문성과 상관없이 장애 부모들로부터 외면을 당하고 있는 것이 사실입니다.

특수학교 유치원에 대한 부정적인 이미지를 변화시키기 위해 작년 2학기부터 장애

역통합 교육을 진행하게 되었습니다. 그 계기는 본교에서 봉사를 해 온 어느 자원봉사자의 자녀가 위탁 형태로 진학
하게 되면서 시작되었습니다. 인지 발달상 별다른 문제가 없는 아동이 유치원을 가기 싫어하여 자원봉사 하는 날 자녀를 데리고 학교에 왔다고 합니다. 담당교사와 상담 한 후, 해당 유치원의 '위탁교육 의뢰'를 받아 역통합이 이루어졌는데 장애 친구를 도와주면서 자신의 존재감을 인식하고 자신감도 많이 회복하였습니다. 그리고 현재 일반 초등학교에 입학하여 잘 적응하고 있다고 합니다.

올해는 2명의 유치원 아동이 위탁교육을 받고 있습니다. 담임교사의 보고에 따르면 이들 비장애아동과 발달장애를 가진 아동이 함께 생활하면서 우선은 장애학생의 모방 언어와 사회성 발달이 많이 향상되었다고 했습니다. 또한 '역통합 교육프로그램'에 참여한 아동들도 언어와 인지 기능이 부족한 장애 친구를 배려하면서 잘 어울리는 모습을 보이고 있다고 했습니다. 다음 글은 역통합 교육을 하면서 느낀 어머님들의 소감문입니다.

"아침마다 일찍 일어나 유치원 갈 준비를 하는데도 윤미(가명)는 별 투정 없이 따라줍니다. 네 명 아이들에 비해 상대적으로 넓은 교실과 미끄럼틀 같은 시설도 있어 매일 키즈카페 가듯 종일 놀다 오는 생활로 즐거워합니다. 물론 간혹 의사소통이 되지 않아 속상해하면서도 그 안에서 말을 못하는 친구들을 이해하려고 애쓰며 같이 지내는 법을 터득하고 자연스레 배려와 기다림과 다른 아이에 대한 이해를 배워가는 것 같습니다."

"은준(가명)이는 밀알유치원에 가는 것을 아주 좋아합니다. 통합수업을 받는 친구들이 자신과 다르다는 생각은 하지 않는 것 같고, 다만 장애친구들과 놀려면 좀 더 주의를 기울여서 그 요구를 알아내야 하고 가끔씩은 친구에게 양보를 해야 한다는 정도의 차이는 인식하고 있는 것 같습니다. 아이는 좀 더 주변을 이해하고 인식하고 자신을 맞추는 능력이 향상되었고 하루하루 즐겁고 다음날을 기대하며 생활하고 있습니다. 역통합 프로그램의 기회를 주신 밀알학교에 감사를 드립니다."

조화로운 삶

장유진

낮은 곳에 누워
온종일 위를 바라보는 땅은
하늘이 참 부럽습니다.
"하늘아 너는 참 높은 곳에 있어서 좋겠다.
아무리 튼튼한 팔을 뻗어 손가락을 틔워도
난 그곳에 닿을 수가 없어."

온종일 구름 배를 띄우며 노는 하늘은
땅에게 말합니다.
"그렇지 않아 땅아, 나에겐 네가 더 높은 곳에 있는걸?
아무리 구름타고 흘러가도
난 네가 있는 곳으로 갈 수가 없어."

하늘과 땅은 오늘 알았어요.
서로가 있기에 자신들이 있다는 걸요.
마주보며 웃고 있어서
함께 빛나고 있다는 걸요.

- 2015년 10월호 -

밀알학교 행복 이야기
200

그림 재능으로 취업의 문을 연
우진이 이야기

자폐인과 함께 아름다운 세상을 만들어가는
'오티스타'

 특수교육의 궁극적인 목적은 학생의 요구를 정확히 파악하고 잠재력을 최대한 신장시켜 사회적인 생활자립을 지원해주는 것입니다. 그래서 특수교육기관을 방문하면 학생의 장애유형과 장애정도, 그리고 행동특성 등에 대한 질문을 받습니다. 본교의 경우 학생의 장애정도나 행동 특성에 대한 평가와 더불어 학생이 가장 좋아하고 잘 하는 것이 무엇인지 파악하기 위해서 노력을 기울입니다. 그것은 장애로 인한 약점을 보완하는 것뿐만 아니라 학생 개개인이 가진 개성과 재능을 발굴하고 개발시켜주는 것이 중요하기 때문입니다.
 우진이는 특수학급이 있는 일반 초등학교를 졸업하고 중학교 1학년 때 본교로 전학을

왔습니다. 처음에는 사회성 부족으로 학급 친구들과 잘 어울리지 못하였고, 교사의 지시를 때때로 거부하기도 하였습니다. 하지만 자신이 좋아하는 그림을 그릴 때에는 집중력이 높았고 '진로와 직업' 과목의 공예 시간에 꼼꼼한 솜씨로 작품을 완성하여 칭찬을 받으면서 학교생활에 안정을 가져왔습니다. 또한 대외 그림그리기 대회에서도 자주 상을 받아오면서 이 분야의 재능을 인정받았습니다. 그래서 교내 방과 후 그림 수업과 함께 2012년 8월 이화여자대학교 산학협력을 통해 설립된 오티스타(AutiSTAR: Autism Special Talents And Rehabilitation)의 디자인 교육 프로그램인 '오티스타 아카데미'에 2기로 등록하였습니다. 그곳에서 2년 정도 꾸준히 활동을 해 오다가 올해 9월초 근로계약을 체결하고 매일 즐겁게 출근하여 열심히 근무하고 있습니다.

오티스타는 2013년 서울시 예비 사회적 기업으로 승인받았습니다. 서울시 예비 사회적 기업으로 승인받은 오티스타에서는 자폐인의 그림을 활용한 다양한 디자인 상품 개발과 판매에 힘쓰고 있습니다. 오티스타 디자인 상품으로는 머그컵과 텀블러, 접시, 티셔츠, 문구 등이 있는데 학교, 공공기관, 기업 등 단체선물 및 홍보물로 대량 구입과 맞춤 제작도 실시하고 있습니다. 자폐인과 함께 모두가 참여하는 아름다운 세상 만들기에 관심이 있는 분은 오티스타 홈페이지(www.autistar.kr)를 방문하거나 전화(02-523-1714)로 문의하시면 좋을 듯합니다.

다음 글은 어머니가 그동안 우진이를 양육하면서 소망해왔던 취업의 꿈을 이루고 나서 저에게 휴대폰 문자 메시지로 보내온 소감문입니다.

"우진이를 키우면서 자신이 좋아하는 일을 직업으로 가질 수 있다면 참 좋겠다는 생각을 해왔습니다. 그림 그리기를 좋아하는 우진이가 그림을 통해 세상과 소통할 수 있으면 좋겠다는 바람은 「오티스타」를 만나면서 좀 더 구체적인 꿈을 갖게 되었고, 회사가 3주년을 맞이하던 올해 9월초부터 출근하게 되었습니다. 오늘도 '그림 잘 그리고 오겠다.'는 우진이에게 '그래! 잘 하고 와.' 기도하듯 인사해주면서 지금 이 순간을 만들어 주신 모든 분들께 감사한 마음을 전합니다."

— 2015년 11월호 —

시를 씁니다

장유진

내 꿈이
어둠에서 져버리기 싫어
시를 씁니다.

내 마음이
병에 걸리지 않도록
시를 씁니다.

꿈 많은
내 마음을 몰라주는 사람들에게
사랑을...
내 마음을...
전할 수 있도록
시를 씁니다.

'이것만은 꼭 지키자!' 13개 학교생활 규칙 실천하기

긍정적 행동 지원(PBS) 연구학교 추진을 통한
부적응행동 개선 및 예방

　최근 발달장애 학생을 교육하는 특수학교에 재학하는 학생들의 장애 정도가 점차 중증화되고 다양화되고 있어 학교 차원의 중재방안을 마련하기 위한 노력이 절실히 요구되고 있습니다. 더구나 본교의 경우는 재학생의 80%이상이 자폐범주성 장애(ASD)를 갖고 있고, 대부분 의사소통 장애와 정서행동적인 측면의 문제를 수반하고 있기 때문에 수업 및 생활지도에 많은 어려움을 겪고 있습니다.

　그래서 발달장애 학생의 부적응행동 개선과 예방을 위한 보다 적극적인 지원방안에 대해 고민해 오던 중, 올해 3월 서울특별시 교육청에서 공모한 '학교 차원의 긍정적 행동지원(school-wide positive behavior support, SW-PBS)연구학교' 에 계획서를 제출

하였습니다. 그 결과, 연구학교로 지정되어 앞으로 2년간 연구비를 지원받으며 역동적인 교육활동을 수행할 수 있게 되었습니다. 지난 4월부터 '긍정적 행동지원단' 을 구성하였습니다. 효율적인 연구를 위해 지원 팀, 리더십 팀, 실행 팀으로 세분화하여 본격적인 연구 활동을 추진해오고 있습니다.

　학교 차원의 긍정적 행동지원(PBS)이란 개별 학생의 문제행동을 변화시키기 위한 긍정적 행동지원을 학교 전체로 확대 적용한 훈육 모델입니다. 특히 본교에서는 긍정적 기대행동('이것만은 꼭 지키자' 13개 항목)을 규칙 준수, 올바른 관계

형성, 스스로 하는 역할 수행의 관점으로 정하고, 이를 구체적으로 계획하고 있습니다. 학교 교실, 공공장소 등에서 반복적으로 교수하고 활동 수행에 대해 강화하고 있습니다. 그리고 상반된 행동에 대해서는 교정하여 학생들이 수업 등 전반적인 교육환경 속에서 성공적인 경험을 통해 긍정적인 자존감이 형성되도록 지원하는 일에 역점을 두고 있습니다.

13개 규칙은 〈약속해요〉 6개(①수업시간에 바르게 앉아요 ②열심히 공부해요 ③쓰레기를 쓰레기통에 버려요 ④손을 깨끗이 씻어요 ⑤줄을 서서 차례를 지켜요 ⑥음식을 골고루 먹어요)와 〈함께해요〉 3개(①바르게 인사해요 ②친구들과 사이좋게 지내요 ③감사 표현을 해요), 〈내가해요〉 4개(①물건을 바르게 정리해요 ②반장 활동을 해요 ③식사 후 뒷정리를 해요 ④잔반을 깨끗이 정리해요)로 정하고, 체계적으로 지도하기 위한 교수-학습 자료를 개발하고 학교 전체적으로 긍정적 행동지원(PBS) 환경조성을 하였습니다. 또한 가정과의 연계지도로 생활규칙에 대한 부모님의 평가와 의견을 반영합니다.

13개 규칙 중 3개씩을 2주 단위로 학교와 가정에서 교육, 실천하게 하였고, 그 수행평가에 따라 교장 선생님이 상장과 상품을 학급별로 1명씩 수여하면서 학생들의 행동과 태도가 점차 변화되고 있습니다. 선생님에게 인사하는 모습이 확연히 좋아졌습니다. 전에는 고개만 끄덕였는데 이제는 허리를 굽히면서 머리를 숙이는 동작이 자연스럽게 이루어지고 있습니다. 체계적이고 반복적인 교육의 성과라고 보여 집니다.

특히 학교 교실과 복도, 식당 등 모든 교육환경의 분위기가 학교에서 정한 규칙을 잘 지키면 칭찬과 상을 받는다는 것으로 인식되면서 학생들의 부적응행동 감소와 문제행동의 예방으로까지 점진적으로 이끌어가는 효과를 기대하고 있습니다. 또한 부모들도 학생의 변화, 발전을 기대하면서 자녀가 '이것만은 꼭 지키자' 〈최고상〉을 받아 기뻐하는 모습에서 학교를 신뢰하며 학교행사나 교육활동에 적극적으로 참여하는 모습을 보여주고 있습니다.

칭 찬

장유진

한 번 들으면
웃음이 생기고

두 번 들으면
사랑이 생기고 용기도 생기고

자꾸 자꾸 들으면
꿈도 생기고
사랑도 희망도 용기도
자꾸 자꾸 생기네.

마음속에선
콩닥 콩닥 가슴이 뛰듯이
칭찬은
꿈과 미래를 행해 뛰고 있네.

− 2015년 12월호 −

밀알학교 행복 이야기

학생들의 땀과 정성을 모아
나눔을 실천하는 기쁨

밀알농장에서 재배한 농작물과 헌옷을 모아
복지 기관에 기부하기

흔히 '장애인' 하면 몸이 부자유하고 인지발달이 지연되어 다른 사람의 도움이 필요하다고 생각합니다. 물론 많은 장애인들은 혼자 힘으로 생활할 수 없으므로 가족이나 다른 누군가의 도움을 필요로 합니다.

본교에 재학하는 학생들도 자폐성 장애나 지적 장애를 가지고 있어 부모나 가족, 그리고 교사들의 도움을 받으며 살아가고 있습니다. 그러한 삶 속에서도 늘 도움만 받고 사는 존재가 아니라 자신보다 더 어렵고 힘든 사람들을 위해 작은 정성을 베풀고 나누는 기쁨

을 누리는 것도 의미 있는 일이라는 생각을 하게 되었습니다. 그래서 각 과정별로 학생들의 수준과 특성에 맞추어 기부활동을 실천하도록 하고 있습니다.

특히 작년부터 이러한 〈정성 기부활동〉을 실천해오고 있는 고등학교 '작물 재배반'에서는 올해도 밀알농장에 무와 배추, 고구마 등 채소를 심었습니다. 학생들이 이른 봄부터 더운 여름까지 학교 후문에 있는 물통에서 농장으로 물을 길어 나르는 일은 쉽지 않았습니다. 그리고 틈틈이 선생님과 함께 잡초를 뽑는 일도 힘들었습니다. 하지만 학생들은 채소를 잘 키워서 인근 노인복지관에 기부한다는 것을 알고, 부지런히 물을 나르고 잡초를 뽑았습니다.

드디어 지난 11월 마지막 주에 탐스럽게 자란 배추와 무를 수확하였습니다. 이 농작물들은 그동안 학생들이 흘린 땀과 수고의 결정체입니다. 작년보다 수확량이 더 늘어나 10개의 박스에 나누어 담았습니다. 그리고 학생들이 선생님과 함께 밀알복지재단에서 운영하는 대청노인종합복지관으로 가서 직접 농작물을 전달하였습니다. 복지관 담당자는 본교 학생들의 이러한 기부 활동에 감사하며 답례로 연필을 선물해 주었습니다. 학생들은 자신들이 재배한 농작물이 '독거(獨居) 노인들의 반찬 재료로 사용된다.'는 말을 듣고 가슴 뿌듯해했고, 선물도 받으니 더욱 기분이 좋아졌습니다.

한편 중학교에서는 올해 처음으로 〈사랑의 옷 나누기〉 행사를 기획하였습니다. 지난 11월 한 달 동안 중학교 학생들뿐만 아니라 본교 전교생에게 광고를 하여 가정에서 사용하지 않고 있는 헌 옷을 중심으로 신발, 모자 등 재활용이 가능한 물건들을 본관 1층 성봉홀에 모았습니다. 학부모들의 적극적인 호응과 교사들도 참여한 결과, 제법 많은 물건들을 모았습니다. 이 물건들은 굿윌스토어에 기증을 하기로 했습니다. 기증하기 전에 중학교 '진로와 직업' 수업시간에 각 반에서 종류별로 분류하고 정리와 수선을 하였습니다.

이러한 과정에서 학생들은 우리들이 입는 의복에 대해 다양하게 학습했습니다.

기증식 날에는 송파 굿윌스토어(goodwill store)의 팀장님이 직접 학교에 오셨습니다. 팀장님은 먼저 중학교 학생들에게 "물건을 기부해주어 고맙다."는 인사와 함께 "학생들의 이러한 정성과 노력이 굿윌스토어에서 일하고 있는 많은 발달장애인 형과 누나들에게 큰 선물이 될 것"이라고 이야기하였습니다.

이러한 기부활동은 앞으로 각 과정별 수준에 따라 본교 교육활동의 일환으로 계속 전개될 것입니다. 특히 지금까지 늘 도움을 받아온 우리 학생들이 이제는 다른 사람들을 도와주고 배려하는 마음을 갖게 하였습니다. 이러한 나눔 활동을 통해 감사를 배우며 궁극적으로는 지역 사회의 한 구성원으로 인정받고 삶의 질을 높이는 계기로 삼았으면 하는 바람입니다.

- 2016년 1월호 -

꿈

장유진

몸이 아픈 나에게
가장 큰 빛은 꿈이네.

꼭
나보다 더 아픈 사람들에게
희망과 감동을 주는
훌륭한 아나운서와 작가가 되는 것.
이루어가는 길은 멀고도 험하지만
그럼에도 오늘을 살아갈 수 있는 나의 힘이 되네.

오늘은 어제보다
몸이 건강해 졌으면 좋겠고
모레는 내일보다
더 가까워진 꿈이 있기에 나는 더욱 포기할 수 없네.
혹시
내딛은 땅이 구렁텅이였더라도
어제보다 한 발짝 나아갔기에
나는 웃을 수 있을 것 같네.

밀알학교 행복 이야기
210

스포츠 활동으로
신나는 토요일 생활체육학교

국민생활체육회의 강사 파견으로 이루어지는
토요스포츠교실

지난 2012년 '주 5일제 수업'이 전면적으로 시행되면서 토요일(놀토)에 저소득층과 맞벌이 부부의 자녀들에 대한 대책으로 토요 스포츠교실이 시작되었습니다. 토요 스포츠교실은 서울특별시 교육청의 지원과 함께 작년부터는 국민생활체육회에서도 강사를 파견해 주었습니다.

이에 본교에서는 초등학교에 '뉴스포츠'와 중·고등학교에 '헬스' 강사 파견신청을 하였고 각각 1명의 강사가 파견되어 오전 10시 30분부터 12시까지 토요스포츠교실(신나는

주말 생활체육)을 운영하고 있습니다. 학생 선발은 기초 생활수급자 및 차상위 계층을 1순위로 하고 법정 한부모 가정과 맞벌이 가정을 차
순위로 하며, 교육의 질적인 면을 고려하여 초등학생은 6명, 중·고등학생은 7명으로 구성하고 있습니다.

특히 학생들의 안전과 강사의 전문성을 높이기 위하여 각 프로그램마다 자원봉사자를 배치하고 있습니다. 토요스포츠교실 초창기에는 대학생과 직장인 봉사자가 참여했습니다. 작년부터는 개포고등학교 '교육학연구부' 동아리와 협력하여 매주 2명의 자원봉사자를 지속적으로 배치할 수 있게 되었습니다. 물론 토요스포츠교실 프로그램이 열리는 기간(방학을 제외한 30주간)에는 당직 교사가 배치되어 교육 활동의 지원과 강사 및 자원봉사자를 관리합니다.

본교에 파견된 스포츠 강사의 경우 작년에 이어 올해도 배치가 되었는데 "처음에는 자폐성장애 학생들의 특성을 잘 몰라 어려움이 있었습니다. 그러나 학생들과 운동을 함께 하면서 서로의 마음이 열리고 반응을 보이는 학생들에게 이상하게 매력을 느끼게 되었으며 앞으로도 여건이 허락되면 계속 지도하고 싶습니다."고 소감을 말했습니다.

다만 토요일에는 통학버스가 운행되지 않으므로 부모나 형제, 또는 활동보조인이 등·하교를 담당하는 어려움이 있으나 중·고등학생 중 몇 명은 혼자 도보나 대중교통수단을 이용하여 자율통학을 하고 있어 사회성 훈련의 계기가 되기도 합니다.

앞으로도 토요일에 가족 및 형제들과 함께 다양한 프로그램에 참여하고 싶으나 여건이 되지 않는 가정의 학생들에게 보다 다양하고 자신의 재능을 키울 수 있는 토요 프로그램을 더 많이 개설하여 학생이 행복하고 부모들에게 소망을 주는 참된 교육의 터전을 이루어 가고자 합니다.

놀이터

장유진

놀이터는
완전히
아이들의 꿈의 동산과
똑같다.

날씨가 화창하면
아이들은 놀이터에
우르르 달려와
아이들이 바라는
꿈의 동산을 다같이
펼쳐보죠.

놀이터는....
아이들이 바라는
꿈의 동산의 친구 같다.

– 2016년 2월호 –

67 [앨범이야기]

입학하려고 학교 근처로 이사까지 왔어요

신입생 학부모 오리엔테이션과 학생 진단 평가

"자폐성장애 아이를 가진 부모인데 꼭 밀알학교에 입학시키고 싶습니다."
"밀알학교에 입학하려면 어느 동네로 이사를 가야 하나요?"
"현재 일반 초등학교 특수학급에 다니는 4학년 아이인데 요즘 들어 학교가기를 힘들어 해요. 특수학교로 전학시키려고 하는데 자리가 있나요?"

위의 글들은 자폐성장애나 지적장애 자녀를 가진 부모들로부터 받은 전화 상담 내용입니다. 본교가 개교 때부터 자폐성장애 학생 중심으로 특화된 교육을 해왔기 때문에 신경

밀알학교 행복 이야기
214

정신과 병원이나 치료센터, 유치원과 어린이집 등에서 이러한 정보를 듣고 전입학 문의를 해오고 있는 것이라고 생각이 됩니다.

2016학년도 신입생들은 작년 9월 말에 강남특수교육지원센터(유치원, 초등학교, 중학교) 또는 서울특별시 학생생활교육과 특수교육팀(고등학교)에「특수교육대상자 배치신청서」를 제출하여 지역교육청별 특수교육운영위원회 협의를 통해 학교 배정을 받은 학생들입니다. 본교는 지난 12월 말, 강남특수교육지원센터로부터 배정된 학생

들의 명단을 받았습니다. 그리고 본교 배정을 받은 학생들 가정에 연락하여 '본교 입학 축하' 인사와 함께 신입생 오리엔테이션 날짜를 통보하고 학부모와 학생들이 함께 참석하도록 하였습니다.

신입생 오리엔테이션은 학부모들에게 〈OT 교육자료〉를 통해 본교 교육활동을 소개하고 앞으로 입학 후 지켜야 할 규정과 가정에서의 협조사항 등에 대해 안내하는 프로그램입니다. 그리고 학생들의 학습능력과 행동 특성을 파악하여 학급 편성과 행동중재의 기초자료로 활용하기 위해 면접 및 기초 진단 등을 합니다.

유치원과 초등학교 신입생들은 특수교육대상자 선정을 받기 위해 특수교육지원센터에서 이미 진단 평가를 받았습니다. 그러나 입학 후 학생이 모자(母子)분리가 어느 정도 되는지 교육활동 시 착석은 가능한지, 특별한 부적응 행동은 없는지 등 여러 가지 관점에서 다시 한 번 학생들의 현행 수행수준을 평가하는 것입니다.

이번 신입생 오리엔테이션에 참석한 학부모들을 만나 이야기해본 결과 본교에 입학한 것에 대해 크게 만족하며 많은 기대감도 가지고 있다는 것을 알 수 있었습니다.

"교감선생님! 밀알학교에 입학하려고 온 가족이 지방에서 이사까지 왔습니다."

"학교 수업 후에 방과 후 학교 프로그램도 다양하게 운영되고 있다고 하던데 우리 아이는 음악적인 재능을 키워주고 싶어요."

"고등학교나 전공과 졸업 후에 진로 지도는 어떻게 하고 있는지요? 취업이 안 되는 아이들도 갈 수 있는 곳이 있겠지요?"

올해 개교 20년차를 맞이하여 이러한 신입생 학부모들의 기대에 부응하기 위해 교직원들은 '학생들이 행복한 학교', '학부모들이 신뢰하는 학교' '지역사회와 함께하는 열린 학교'를 만들어 가기 위해 더욱 열심히 노력하고 있습니다.

— 2016년 3월호 —

선생님! 캠프 또 가고 싶어요

각 과정별 현장체험 학습과 수련활동 이야기

2016학년도 신학기가 시작되어 벌써 한 달이 지나고 있는데 새로 입학한 학생들도 이제는 조금씩 학교생활에 적응을 하고 있습니다. 적응활동 기간에는 주로 교내에서 생활하는데 학생들은 야외활동을 더 좋아합니다. 그러나 본교 재학생의 경우 약 80% 정도가 자폐성장애를 갖고 있으므로 학생들의 특성상 야외활동이나 일상생활 속에서 다양한 체험 및 경험의 기회가 제한되고 있습니다. 그래서 학교에서는 신학기 초에 각 과정별 교사 협의를 통해 학생 수준과 특성에 알맞은 현장체험학습과 테마 여행을 비롯한 수련활동을 계획합니다. 즐거운 추억과 함께 일상생활 적응력을 향상시켜 장애극복 의지와 사회적 자립생활을 도모하고자 노력하고 있습니다.

유치원과 초등학교 저학년(1-3학년)에서는 현장학습을 중심으로 체험활동을 실시합니다. 이러한 활동은 월별 학습 단원과 시사(時事)-예를 들어 선거철이면 뉴스를 진행하는 방송국으로 현장학습을 하러 갑니다.- 계절에 맞추어 현장학습 장소를 선정하고 매주 목요일에 맞추어 또 실시하고 있습니다. 3월 한 달간의 학교적응훈련 기간이 끝나면 4월부터 다양한 현장학습을 실시하게 됩니다. 첫 주에는 학교 근처 대모산이나 마루 공원을 갑니다. 이처럼 가까운 지역으로 체험활동을 갈 때는 도보로 이동을 합니다. 그 외 양재시민의 숲이나 상상나라, 서울대공원(어린이동물원)과 올림픽공원, 서울숲(나비공원, 사슴농장), 경기도 어린이박물관, 율동공원, 국립현대미술관, 서울숲, 삼성화재 교통박물관 등 원거리 이동을 할 때는 학교버스를 이용합니다.

초등학교 고학년(4-6학년)에서는 현장체험활동 외에 생활훈련을 계획하여 실시하고 있습니다. 현장체험학습 장소는 탐구활동으로 양재꽃시장- 공원 및 식물원을 선택하고, 체험활동으로는 마트에서의 물건사기, 우체국이나 동사무소, 은행 등 지역사회 기관을 이용하고 있습니다. 또한 신체활동으로 등산을, 여가활동으로 영화나 연극, 레저활동을 선택하여 체험하고 견학활동은 박물관과 미술관, 유적지 등을 이용합니다.

생활훈련은 1박 2일 동안 독립적인 일상생활기능을 향상시키기 위한 목적으로 체험활동과 연계하고 교실이나 생활관 등에서 하루 숙박을 하면서 진행합니다. 특별히 생활훈련 기간에는 식사와 의생활, 청소 등의 일상적인 과제들을 체크리스트로 작성하여 학생 스스로 수행할 수 있도록 지도합니다.

중·고등학교는 생활훈련 이외에 수련활동(캠프 및 테마여행)을 합니다. 이러한 수련활동은 교육청의 수련활동 지침과 학교 현장학습규정에 따라 계획 단계에서부터 안전교육 및 예방대책, 유사시 대비 사항을 마련하여 학생들의 안전을 최우선 시하고 있습니다. 우선 활동 장소가 정해지면 과정별 담당 교사들이 사전 답사를 통해 학생들에게 위험한 요소가 없는지 확인합니다. 그리고 활동 프로그램의 내용과 수준 등을 검토한 후 계약을 합니다.

한편 특수교육대상자의 교육활동비는 모두 무상이지만 현장학습과 수련활동비는 수익자부담으로 운영되고 있습니다. 학부모들은 스쿨뱅킹을 통해 필요 경비를 사전에 납부합니다. 작년에 중학교 캠프는 9월 하순 1박 2일 동안 평택의 무봉산 수련원에서 미니올림픽을 비롯하여 난타와 산책 등 아주 다양한 활동으로 즐거운 시간을 보냈습니다. 고등학교는 양주의 한마음 청소년수련원에서 2박 3일간 캠프활동을 했습니다. 학생들은 실내 활동뿐만 아니라 수상보트를 타는 등 다채로운 야외활동으로 신나는 체험을 했습니다.

매년 신학기에 교사들은 다양한 현장학습과 수련활동을 계획하면서 오직 기대하는 것은 학생들이 정말 즐겁고 신나는 추억을 많이 만들어 행복한 학교생활을 하는 것입니다. 동시에 학생들의 일상생활 능력과 기초 체력이 향상되고 사회성이 발달하여 궁극적으로는 졸업 후 독립적인 일상생활과 사회적인 자립생활을 할 수 있기를 바라는 마음입니다.

풀냄새 피어나는 잔디밭에 누워 ^^

장유진

공원 잔디에 눈을 감고 누워보니
마음도 열리고 자연들과 친구가 되네

이름 모르는 예쁜 꽃들이
예쁜 향기^^가 나를 반겨주네요

공원잔디에 눈을 뜨고 누워보니
새파란 하늘은 나의 마음을
시원하게 해주고

나는 어느새
솜사탕 구름을 타고
하늘에 있는 천사 같네요

* 장유진 자매는 현재 뇌출혈로 투병 중입니다.
　온전한 회복을 위해 기도해주세요.

― 2016년 4월호 ―

밀알공동체가 서로 소통하고 공감하는 열린학교 경영

● 교사와 학부모의 다양한 의견 수렴을 위한 협의회 및 위원회 운영

본교가 개교한 지 올해로 20년째를 맞이하고 있습니다. 초창기에는 가시적인 교육 성과와 목표 달성을 위해 관리자 주도의 획일적인 학교 경영이 필요한 시점도 있었습니다. 요즘에는 교사와 학부모, 학생뿐만 아니라 지역사회의 특수교육 및 장애인 복지 기관 담당자 등 관련 구성원들의 다양한 의견을 수렴하고 있으며 이들의 적극적인 참여를 유도하기 위해 각 분야의 소위원회와 협의회를 구성하고 관련 규정을 만들어 민주적이고 창의적인 학교 경영을 하고 있습니다.

학교의 대표적인 심의(사립학교는 자문 역할) 기구인 '학교운영위원회(이하 학운위)'에서는 학칙 개정과 학사 일정, 교육과정 운영방법에 관한 사항을 논의하고 있습니다. 그리고 방과 후 학교 교육활동 및 학생수련  활동 계획 등 수익자 부담과 관련된 사항에 대해 폭넓은 논의를 통해 효율적인 학교 경영을 모색하려고 노력하고 있습니다. 그래서 본교 학운위 위원은 당연직 위원인 학교장를 포함하여 교원 위원 3명, 학부모 위원 4명, 외부 위원 2명 등 9명으로 구성되어 있으며, 위원장은 학부모 위원 중에서 선출하도록 규정하고 있습니다.

또한 학운위에 안건을 상정하기 이전에 실질적인 학부모들의 의견을 폭넓게 수렴하기 위해 학부모회 임원들과 관련 업무 담당교사들로 구성된 소위원회가 활발하게 운영되고 있습니다. 여기에는 학교 급식의 식재료 검수 및 관리와 조리과정 모니터링 등을 하는 학교급식 소위원회, 방과 후 학교 운영 프로그램과 강사 선정 및 교육활동의 모니터링을 하는 방과 후 학교 소위원회, 종일반 운영과 활동에 관한 사항을 협의하는 종일반 소위원회, 통학버스 노선 조정과 교통법규 개정에 따른 대책과 협의를 하는 통학버스 관련 소위원회 등이 있습니다.

한편 학교 경영의 중간관리자 역할을 감당하고 있는 부장들로 구성된 '기획위원회'에서는 각 과정별 행사나 업무 부서별 담당 교사들의 의견을 모아 협의하고 조정하는 기획회의를 매월 1회 실시하고 있습니다. 학교 운영의 주요 사안이 바로 이 회의에서 가장 심도있게 논의되고 결정됩니다. 물론 기획회의 다음 날에는 각 과정별 협의회를 갖게 되는데 이 때 기획회의의 의결사항을 전달합니다. 또한 교사들이 학교 행사나 교육활동 관련 아이디어를 제안하며, 기존 규정이나 관행을 변화시킬 수 있는 건의 사항을 제시하면 정책회의에서 검토 후 학교 경영에 적극 반영합니다.

특히 올해부터는 '현장실습운영위원회'를 조직하여 본교 학생들의 직업교육과 진로

지도를 위해 '전환교육의 날' 운영 및 취업 대상학생의 선발 등 중요사항을 협의하고 있습니다. 여기에도 교사와 함께 졸업생의 학부모도 위원으로 참여하여 부모 입장에서의 의견을 제시하도록 하고 있습니다.

이처럼 본교에서는 학교의 지속적인 발전과 끊임없는 변화를 추구하기 위해 열린학교 경영체제를 구축하려고 노력했습니다. 이러한 결과, 교직원들뿐만 아니라 학부모, 자원봉사자 등 본교에 속한 구성원들 모두가 서로 소통하고 공감하는 마음으로 학교를 더욱 사랑하고 주어진 일에 열심을 다하며, 일하는 기쁨과 자부심을 누리고 있습니다.

꽃 사장님과 나비 일꾼

장유진

나비는 일꾼
아침 햇살에 일어나
풀잎에 맺힌
이슬 방울 찍어
세수하고

멋지게 단장해서
나비 친구들과
꽃의 꽃가루 옮겨 주고

꽃은 나비들에게
품삯을 주니

꽃은 사장님,
나비는 꽃의 멋진 일꾼

– 2016년 5월호 –

밀알학교 행복 이야기

하나님의 은혜와 사랑이 충만한 밀알 공동체

'밀알학교 행복이야기' 연재를 마치며

70 행복이야기

2010년 7월부터 〈밀알보〉에 [밀알학교 행복이야기]를 연재한 지 이번 달로 만 6년이 되었습니다. 그동안 특색 있는 학교 교육활동의 소개와 학교를 위해 수고한 교직원 및 부모, 자원봉사자 등의 이야기를 중심으로 기록한 글이 벌써 70편에 이르렀습니다.

글재주가 없는 편이라 처음에는 글 쓰는 일이 부담스러웠고 원고 마감이 가까워오면 마음만 바빠졌습니다. 그래서 당초에는 10회 정도만 하면 되겠지 하고 생각했습니다. 하지만 밀알학교 공동체에 속한 많은 사람들이 발달장애 학생들을 교육하고 지원하며 봉사하는 일을 즐거워하는 그 모습을 담아내려고 노력하다 보니 자연스럽게 이야기 보따리가 이렇게 늘어나게 되었습니다.

1997년 3월에 개교한 본교가 그렇게 길지 않은 역사 속에서 자폐성장애 자녀를 둔 부모들이 가장 선호하고, 특수교사들이 근무하고 싶어 하는 전국 최우수 특수학교로 자리매김하게 되었습니다. 그것은 하나님의 은혜와 사랑을 바탕으로 교직원들의 전문성과 열정, 실무사와 자원봉사자 등 보조 인력의 배치, 그리고 지역사회와의 다양한 연계 교육 프로그램이 이루어지고 있기 때문이라고 생각합니다. 또한 밀알복지재단 홍정길 이사장님의 탁월한 비전과 남서울은혜교회 여러 성도들의 장애인 선교사역에 대한 깊은 관심과 기도, 학부모들의 적극적인 교육활동 참여와 지원이 뒷받침되고 있어

가능한 일이라 여겨집니다.

본교는 설립초기 인근 주민의 지역 이기주의(님비현상)로 인해 건축에 많은 어려움을 겪었습니다. 그러나 하나님은 그 고난과  시련 속에서도 발달장애인들에게 가장 최적한 교육 환경을 만들어 주셨고, 밀알공동체의 구성원들에게 더 넓은 가슴과 슬기로운 지혜를 가질 수 있도록 길을 인도하여 지금에 이르게 하셨습니다.

앞으로 본교는 학생들이 행복한 학교, 학부모들이 학교를 신뢰하며 자녀를 맡길 수 있는 학교, 교직원들이 믿음으로 하나 되며 자부심과 긍지로 일하는 학교, 지역주민들의 폭넓은 참여를 이끌어 내어 열린학교로서의 위상을 지속해 나갈 것입니다.

한편 본교에서 연구하고 실천한 교육활동과 프로그램을 특수교육과 장애인 복지 기반이 상대적으로 열악한 동남아 국가를 대상으로 매년 장애인 복지선교 지원을 하고 있습니다. 지난 10년간 교직원들이 방학 중에 자비량으로 네팔, 중국, 인도네시아, 베트남, 태국 등에 가서 현지 교사교육과 교육활동 등을 지원해 왔었는데, 내년 겨울방학에는 미얀마의 특수교육현장을 방문하여 교육지원을 할 계획입니다.

이처럼 본교는 하나님께 받은 사랑과 은혜에 모두가 감격하며, 그 사랑과 지혜가 필요한 곳을 찾아 나눌 수 있는 축복을 받았기에 더욱 아름답고 행복한 공동체로 성장하리라 기대합니다.

그동안 부족한 글을 〈밀알보〉에 7년 동안 연재할 수 있도록 해주신 한국밀알선교단 관계자들께 감사드리며 [밀알학교 행복이야기]를 읽어주신 독자들에게도 깊은 감사를 드립니다.

고맙습니다

장유진

나는 지금 아프지만 예쁘게
키워주셔서 고맙습니다.
또 힘든 일이 있을 때 힘이 되어주셔서
고맙습니다.
나의 모든 것이 지금은 행복해서
고맙습니다.
그리고 우리가족 모두모두
고맙습니다.
나를 사랑하는 모든 분들께도 고맙습니다.
아름다운 말
고맙습니다.
사랑해요 고맙습니다.

- 2016년 6월호 -

꾹꾹 눌러 쓴 행복

★

| 더 담고 싶은 행복 |

밀알학교가 있어 아름다운 강남

맛있는 햄버거 선물

모범사원

더 담고 싶은 행복
228

밀알학교가 있어
아름다운 강남

한국 사회에서 서울의 '강남'이라고 하면 흔히 '부자' 동네로 알려져 있습니다. 높은 빌딩 숲과 번화한 거리, 고급 아파트 촌 등 대도시 생활은 편리한 교통과 다양한 교육적, 문화적 혜택을 누리고 있습니다. 반면에 부정적인 측면에서 보면 그동안 한국 교육 풍토의 악순환을 초래한 치맛바람(?)의 원산지이고 향락산업의 팽배와 부동산 투기, 119 출동 횟수 1위, 그리고 님비현상 등을 들 수 있습니다.

'장애인 학교 설립, 지역주민의 반대로 난항'
1996년 1월 모 일간지 사회면에 실린 기사 내용입니다. 강남구 일원동에 위치한 밀알학교(정서장애아 특수학교)는 1995년에 서울시 교육청의 설립인가를 받았지만 이러한 지역 이기주의 현상으로 인해 정말 어렵고도 힘든 과정을 거쳐야 했습니다.

다행히 1996년 2월 21일 서울 지방법원에서 밀알복지재단이 낸 '공사방해중지 가처분 신청'이 이유 있다고 받아들여져 장애인 시설을 거부하는 주민들의 집단행위를 성공적으로 극복한 첫 사례가 되었습니다. 이로 인해 그 당시 전국에서 시설을 개축하거나 증축 중에 주민들과 대치하고 있던 많은 장애인 기관과 특수학교가 법적 보호를 받아 그 일을 추진할 수 있게 되었습니다. 이 일은 그야말로 한 알의 '밀알'이 많은 열매를 거두게 된 것입니다.

그 후 학교에서는 지역 주민들에게 장애인에 대한 바른 이해와 특수교육의 중요성을 알리고, 관련 활동에 적극적으로 동참할 수 있는 계기를 만들어 주려고 많은 노력을 해왔습니다. 학교의 운동장과 체육관, 콘서트홀, 미술관, 세미나실 등 시설물들을 지역 주민들에게 적극 개방하였고, 지역사회의 유휴 자원들을 보조교사 및 자원봉사자로 교육활동에 폭넓게 활용함과 동시에 인근 일반학교와의 통합교류교육을 정기적으로 실시하는 열린 학교 행정을 운영하였습니다.

그 결과 지난해 11월에 준공된 학교별관 공사를 2년 가까이 하면서 소음과 분진이 많이 발생하였지만 7년 전과 같은 집단적인 농성은 전혀 없었습니다. 또한 토요일에 학생들이 대모산으로 등산활동을 할 때, 주민들이 길에서 학생들을 격려를 해주기도 하고, 만일 학생이 교사와 떨어져 길을 헤매면 명찰이나 인식표를 보고 학교로 연락을 해주기도 합니다. 뿐만 아니라 자원봉사자로 참여하는 지역주민들이 200여 명으로 늘어났으며, 밀알 음악회나 학예회, 한마당축제(운동회), 바자회 등의 학교 행사에도 관심과 협력을 아끼지 않고 있습니다.

이제는 밀알학교가 이 곳 강남구 주민들에게 일시적인 시혜나 도움을 받는 장애인 시설이 아니라 지역 주민과 더불어 살아가는 아름다운 공동체가 되었습니다. 다시 말해 밀알학교가 있음으로 인해 강남구는 지역 이기주의의 오명을 벗고 살기 좋고 행복한 도시로 탈바꿈할 수 있는 계기를 갖게 되었습니다.

더 담고 싶은 행복
230

맛있는
햄버거 선물

학생들의 하교시간이 되어 통학지도를 나가려는데 재훈(가명)이가 조그만 종이봉지를 내밀었습니다.

"이게 뭐니?"
"햄버거요."
"이거 어디서 났는데?"
"맥도날드 회사에서 주셨어요."
"네가 먹지 않고."
"교감 선생님 생각이 나서요."

지난해 11월부터 재훈이는 고등부 현장실습의 일환으로 오전에는 학교 수업을 받고, 오후에는 인근 맥도날드 지점에서 파트타임으로 일하고 있습니다. 일을 마치고 나면 학생들을 격려하기 위해 점장님이 가끔 햄버거 세트를 주시는데 그것을 먹지 않고 가져온 것입니다.

참으로 기특하고 고마운 마음에 가슴이 찡했습니다. 교무실 선생님들에게 자랑하고 함께 나누어 먹었습니다.

3년 전 재훈이를 처음 만났을 때, 다른 학생에 비해 학습능력이나 언어발달수준이 높아 보였지만 정서적으로 다소 불안정한 모습이었습니다. 부모를 일찍 여의고 누나 집에서 생활한다는 사실을 알고 관심을 갖고 지켜보면서 만날 때마다 악수를 청하면 그는 수줍은 듯 가볍게 목례를 먼저 하고 손을 내밀었습니다.

"재훈이는 학급에서 친구들을 잘 도와준다니 참 참하구나!" 하고 칭찬을 해주니 표정이 밝아졌습니다. 그 후 학교생활에서도 점차 안정을 찾았고, 핸드벨 합주단에 들어가서 활동하는 등 나름대로 발전해가는 모습을 보였습니다.

그러나 특수학교 교육활동만으로는 이들이 학교생활을 마치고 장차 지역사회의 한 구성원으로서 역동적인 삶을 살아갈 수 있도록 준비되는 데 다소 부족함이 있어, 본교 고등부 3년 과정에서는 좀 더 다양한 직업전환교육을 받게 됩니다.

1학년에서는 직업인식과 탐색을 위한 준비과정으로 학교에서 직업수업과 함께 지역사회의 산업체를 견학하는 일에 중점을 두고 있고, 2학년부터는 학급별로 인근 복지관이나 산업체와 연결하여 주 1회 정도 현장실습을 나가며, 3학년이 되면 주 2~3회 정도 현장실습을 하면서 특히 학생의 장애특성과 수준에 적절한 직업과 일감이 있다면 그 곳에서 1개월 과정의 집중적인 훈련을 받게 되고, 잘 적응하면 그 즉시 부모의 동의를 얻어 근로계약을 맺게 됩니다.

"교육은 가능성이다"
또한 "교육은 기회를 주고 꾸준히 지켜봐주는 일이다"

지금까지 많은 장애인들이 부모들의 소극적인 대응과 학교 교육의 매너리즘화, 그리고 지역사회의 무관심과 편견으로 인해 사회의 한 구성원으로서 자신의 역할을 다 하지 못하고 항상 소외되고 보호를 받는 입장에서 지내온 경우가 대부분입니다. 비록 발달장애를 가진 우리 학생들이라도 다양한 교육활동과 현장 경험을 가지면 스스로 참여하여 자신감을 갖고 일을 잘 해낼 수 있다고 생각합니다.

이를 위해 가정에서의 적극적인 부모 지원과 체계적이고 다양한 학교 교육, 그리고 지역 주민들의 장애인에 대한 바른 인식이 필요하다고 봅니다.

재훈이는 요즘 자신이 일을 하고 봉급을 받는다는 그 기쁨에 자주 교무실로 찾아옵니다.

"재훈아! 일하는 것이 힘들지 않니?"라고 물으니, "아뇨, 일하는 것이 재미가 있어요."라고 대답하는 목소리에 힘이 실려져 있었습니다. 일하며 즐거워하는 그 미소가 다른 학생들에게도 이어지길 소망합니다.

모범사원

밀알학교는 1997년 3월, 사랑과 봉사, 섬김과 나눔의 기독교정신을 바탕으로 발달장애 학생의 특성과 능력에 적합한 교육을 통해 사회적 통합을 촉진시키기 위해 설립되었습니다.

개교 당시에는 유치부와 초등부 과정만 개설되었으나 학생들이 상급학교로의 진학을 희망하여 점차 중학교와 고등학교 과정도 생겼고, 작년 2월 고등부 첫 졸업생이 배출되었습니다. 올해 2월까지 모두 20명의 졸업생이 배출되었는데 그 중 4명은 취업을 하였고, 5명은 전공과로 진학하였고, 나머지 10여 명은 복지관의 직업훈련반과 작업활동시설에

다니고 있습니다. 아직도 장애인 고용에 대한 일반인의 인식은 부족한 편이지만 발달장애인도 자신의 개성과 능력에 따른 전환교육이 이루어지면 지역사회의 일원으로서 아름다운 삶을 살 수 있습니다.

발달장애 3급 판정을 받은 기수(가명)는 중학부까지는 일반학교를 다녔으나 적응상의 어려움 때문에 고등학교 때 본교로 진학을 하였습니다. 처음 상담을 할 때 이름을 불러도 고개를 숙인 채 대답도 제대로 못할 만큼 위축되어 있었습니다. 하지만 입학한 후 담임교사와의 관계 개선을 통해 자신보다 더 어려운 친구들을 도와주기도 하고, 핸드벨 합주단과 스카우트활동, 컴퓨터대회 출전 등 여러 가지 특별프로그램에 참여하면서 자신감을 갖게 되었습니다.

사실 어머니는 기수를 더 잘 가르치기 위해 초등학교 4학년 때 특수교육 및 장애인복지제도가 잘 정비된 미국으로의 이민을 생각하고 7년 여 동안 그 곳에서 생활했다고 합니다. 하지만 기수는 또 다른 부적응행동을 보여 결국 귀국하게 되었고, 진로를 고민하다가 아는 분으로부터 밀알학교를 소개받고 처음에는 자식을 특수학교에 보내는 것에 가슴이 아팠다고 합니다. 다행히 진학 후에 학교 가는 것을 즐거워하고, 또한 교사들의 열정적인 지도와 졸업 후 장래 일까지 자세히 안내해주어 감사한 마음이었다고 하셨습니다.

고등부 2학년이 되었을 때 기수는 학교 별관의 파리바게트에서 빵을 정리하고 청소를 하는 교내 현장실습에 참여하였습니다. 일반적으로 발달장애인의 경우 대부분 단순조립 작업을 하는 일에 종사하게 되는데 직무분석 결과 기수는 서비스 업종이 더 적성에 맞는 것 같았습니다. 고3때는 더욱 체계적인 직업훈련을 위해 성모자애복지관과 연계하여 산업체 현장실습을 받게 되었습니다. 특히 강남구 도곡동에 있는 빕스(패밀리 레스토랑) 도곡점에서 실습 겸 파트타임으로 취업을 하면서 사회적응 및 직업 유지에 대한 가능성을 보여주었습니다. 주방에서 접시를 닦고, 쓰레기를 분리수거하는 일을 주로 하였는데 맡겨진 일은 빈틈없이 잘 해냈습니다. 더구나 지각이나 결근, 조퇴를 한 번도 하지 않아 그 지점의 모범사원으로 뽑히기도 하였습니다.

    자신이 좋아하는 일을 한다는 것은 행복한 일입니다. 발달장애인들에게도 이와 같이 다양하고 지속적인 교육과 현장 실습을 통해 자신이 잘 할 수 있는 직종을 개발하여 일할 수 있는 기회가 주어진다면 평생 남의 도움을 받는 입장에서 벗어나 사회의 한 구성원으로서 세금을 내고 당당히 생활하는 가치로운 삶을 영위하게 될 것입니다.

epilogue

밀알학교 행복이야기는 계속 됩니다

먼저 [밀알학교 행복이야기]를 지난 7년간 〈월간 밀알보〉에 연재할 수 있도록 인도해주시고, 그 이야기들을 묶어 단행본으로 출판하게 하신 하나님께 감사와 모든 영광을 올려드립니다.

여기에 실린 이야기는 모두 교육활동을 총괄하는 교감의 입장에서 본교의 특색있는 학교 교육활동의 소개와 함께 학교의 발전과 성장을 위해 아낌없이 수고한 교직원 및 학부모들, 그리고 학생들을 사랑하는 마음으로 묵묵히 애쓰신 자원봉사자와 학교를 지원해준 지역사회 기관들의 섬김과 나눔의 이야기입니다.

2001년 3월, 밀알학교 교감으로 부임하면서 학생들이 행복한 학교, 부모들에게 신뢰와 소망을 주는 학교, 교직원들이 사명감과 자부심으로 신명나게 일하는 학교를 만드는데 최선의 노력을 다하자고 다짐하였습니다.

1997년 개교 이전부터 본교는 지역 이기주의의 희생양이 되어 주목을 받아왔습니다. 지금은 그 고난과 어려움을 잘 극복하고 지역주민들이 자원봉사자로 참여할 뿐만 아니라 이곳을 지역의 아름다운 문화 예술 공간으로 여기며 자랑스러워하는 학교로 변화하였습니다. 특히 개교 이듬해에는 학교 본관 건물이 한국건축가협회에서 선정한 전국 아름다운 10대 건물로 선정되어 건축대상을 받았는데, 그 영향으로 광고와 드라마를 찍는 장소로 활용되기도 하며, 별관의 밀알갤러리(운보미술관)와 세라믹팔레스(콘서트홀)는 지역 주민뿐만 아니라 전문 예술인들로부터도 호평받는 문화공간이 되고 있는데 이 모두가 하나님께서 밀알학교에 베풀어주신 은혜의 선물이라 할 수 있습니다.

올해 3월로 본교는 개교 20주년을 맞이하게 되는데 명실 공히 한국 현장 특수교육을 주도하는 최고의 특수교육기관으로 자리매김하게 되었습니다. 나아가 미국과 유럽, 일본 등 외국의 특수교육현장 전문가들도 견학을 자주 의뢰해오고 있고, 네팔, 중국, 태국, 미얀마 등 동남아 특수교육현장을 정기적으로 지원하는 단계로까지 성장 발전하였습니다.

또한 자폐성장애 자녀를 둔 부모들이 가장 선호하고, 특수교사들이 근무하고 싶어하는 전국 최우수 특수학교의 위상을 갖게 되었는데 이것은 하나님의 은혜와 사랑을 바탕으로 교직원들의 전문성과 열정, 실무사와 자원봉사자 등 보조 인력의 배치, 그리고 지역사회와의 다양한 연계 교육 프로그램이 이루어지고 있기 때문이라고 생각합니다. 그리고 밀알복지재단 홍정길 이사장님의 탁월한 비전과 남서울은혜교회 여러 성도들의 장애인 교육과 복지 사역에 대한 깊은 관심과 기도, 학부모들의 적극적인 교육활동 참여와 지원이 뒷받침되고 있어 가능한 일이라 여겨집니다.

이러한 감동과 감격, 기쁨과 감사의 [밀알학교 행복이야기]는 앞으로도 계속 될 것입니다. 본교에 재학하는 200여명의 학생들과 학부모들, 130여명의 교직원들과 특수교육실무사, 그리고 이름도 빛도 없이 수고하는 100여명의 자원봉사자들 모두가 이러한 행복 이야기의 주인공인 셈입니다.

epilogue

    끝으로 본서의 추천사를 감동적으로 써주신 밀알복지재단 정형석 상임대표님과 최병우 교장선생님께 진심으로 감사를 드립니다. 그리고 본교의 행복이야기를 〈월간 밀알보〉에 연재할 수 있는 기회를 주시고 출판을 기꺼이 맡아 주신 한국밀알선교단 조병성 단장님과 연재 원고의 편집으로 수고하신 김근원 목사님, 출판 원고의 교정교열로 수고하신 박길영 권사님과 조수정 간사님, 기획과 출판의 과정을 맡아 수고하신 박미희 간사님에게도 고마운 마음을 전합니다.

2017년 3월 1일
대모산 자락에서 김용한

꾹꾹 눌러 쓴 행복

[밀알학교 행복이야기]

초판인쇄　2017년 3월 25일
초판발행　2017년 3월 31일

지은이　김용한
교정·교열　박길영, 조수정

펴낸이　조병성
기　획　박미희
펴낸곳　밀알
등록번호　2009-000263
주소　서울시 강남구 밤고개로 1길 34 한울오피스텔 501호
전화　02.3411.6896
팩스　02.3411.6657

편집/인쇄　도노디자인 (02 2272 5009)

ISBN　978-89-963258-6-4　03370
값 10,000원

*파본 및 잘못된 책은 바꿔드립니다.
*이 책은 밀알복지재단과 한국밀알선교단의 후원으로 출간되었습니다.
*이 책의 판매수익금 5%는 재가장애인 사업을 위한 기금으로 사용됩니다.